16	3	2	13
5	10	11	8
9	6	7	12
4	15	14	1

José Ramos Tinhorão

MÚSICA POPULAR: UM TEMA EM DEBATE

4ª edição revista e ampliada

editora■34

EDITORA 34

Editora 34 Ltda.
Rua Hungria, 592 Jardim Europa CEP 01455-000
São Paulo - SP Brasil Tel/Fax (11) 3816-6777 www.editora34.com.br

Copyright © Editora 34 Ltda., 1997
Música popular: um tema em debate © José Ramos Tinhorão, 1966/97

A FOTOCÓPIA DE QUALQUER FOLHA DESTE LIVRO É ILEGAL E CONFIGURA UMA
APROPRIAÇÃO INDEVIDA DOS DIREITOS INTELECTUAIS E PATRIMONIAIS DO AUTOR.

Edição conforme o Acordo Ortográfico da Língua Portuguesa.

Capa, projeto gráfico e editoração eletrônica:
Bracher & Malta Produção Gráfica

Revisão:
Alexandre Barbosa de Souza

1ª Edição - 1966 (Editora Saga, Rio de Janeiro)
2ª Edição - 1969 (JCM Editores, Rio de Janeiro)
3ª Edição - 1997 (3 Reimpressões), 4ª Edição - 2012

Catalogação na Fonte do Departamento Nacional do Livro
(Fundação Biblioteca Nacional, RJ, Brasil)

Tinhorão, José Ramos, 1928-
T588m   Música popular: um tema em debate /
José Ramos Tinhorão. — São Paulo: Editora 34,
2012 (4ª edição revista e ampliada).
208 p.

ISBN 978-85-7326-072-4

1. Música popular - Brasil - História e
crítica. I. Título.

CDD - 780.981

MÚSICA POPULAR:
UM TEMA EM DEBATE

Nota à 4ª edição 7

Nota à 3ª edição 9

Nota à 2ª edição 11

Apresentação 13

INTRODUÇÃO AO DEBATE

Samba e marcha: produto urbano 17

PROBLEMAS

1. Os pais da bossa nova
   (O porquê dos nomes) 25
2. Rompimento da tradição,
   raiz da bossa nova 36
3. Caminhos do *jazz* conduzem à bossa nova 39
4. De como a velha bossa
   emprestou nome à bossa nova 42
5. Menino Noel Rosa e meninos da bossa nova:
   um paralelo 45
6. Influência norte-americana
   vem do tempo do *jazz-band* 50
7. O samba-canção
   e o advento dos semieruditos 54
8. Samba de 1946: pior produto
   da política de boa-vizinhança 59
9. "Evolução" do samba é ascensão social 66
10. Bossa nova (*New Brazilian Jazz*) 70
11. O mito flor/amor
    e uma explicação sociológica 75
12. Um equívoco de *Opinião* 78

13. Por que morrem as escolas de samba
(O papel da polícia. A criação das escolas.
A solidariedade. Desejo de ascensão social.
Ingenuidade fundamental. Artista erudito
mata as escolas. O fim das escolas.
A confirmação do tempo i.
A confirmação do tempo ii.
A confirmação do tempo iii) 93

ESTUDOS

O CHORO

1. Carteiro escreve a memória dos choros 117
2. História dos choros cariocas 122
3. Choro: criação de pequenos funcionários 129
4. Como as revistas, o disco e o rádio
mataram o choro 133

MÚSICA DE BARBEIROS: ESTUDO COM BIBLIOGRAFIA

1. Os barbeiros cariocas 139
2. Os barbeiros da Bahia 149
3. A música de barbeiros e as bandas
(militares e de coretos) 153

O CARNAVAL CARIOCA

1. Três séculos de história 161
2. Carnaval da Praça Onze 167
3. O bonde no carnaval 177

NOTA À 4ª EDIÇÃO

Ao reapresentar-se a seus leitores 45 anos depois de seu lançamento no Rio de Janeiro, agora em sua 4ª edição (mais três sucessivas reimpressões pela Editora 34 até 2002), este *Música popular: um tema em debate* reveste-se de uma qualidade certamente incomum aos estudos críticos de um tempo: sua desafiadora atualidade.

Escrito para discussão dia a dia, na imprensa, de temas de interesse para a história da cultura urbana no Brasil — criação de canções populares das cidades na sequência de fenômenos como os da música de barbeiros, coretos de rua e dos choros, logo divulgados pelo teatro de revistas e depois em *shows*, em evolução até a era da influência estrangeira dos *jazz-bands* e da bossa nova, tudo de envolta com as criações locais de gafieiras e escolas de samba —, o que neste livro surgiu apenas como temas para debate, parece ter ganhado de 1966 até hoje o caráter definitivo de História.

A prova mais atual dessa passagem do que constituía interpretação crítica de fenômenos da atualidade para o plano de fatos históricos consumados, é oferecida nesta nova edição de *Música popular: um tema em debate* pela transcrição de trechos de uma entrevista do compositor Martinho da Vila publicada no jornal *O Estado de S. Paulo* de 13 de fevereiro de 2011, às vésperas do carnaval, sob o título de "Ilusão que míngua: saudoso da era da inocência, compositor lamenta a mercantilização de um símbolo nacional". Tudo como se poderá ler (e comprovar) pelo aditamento "A confirmação do tempo", que agora damos aposto ao estudo "Por que morrem as escolas de samba", publicado neste livro há mais de quatro décadas atrás.

(2012)

NOTA À 3ª EDIÇÃO

O lançamento deste livro em 1966, quando a Universidade sequer havia colocado em pauta, no Brasil, o problema do estudo dos fenômenos de cultura urbana (e em outros campos ainda não instituíra a ditadura do saber acadêmico), a novidade e a irreverência do método interpretativo inaugurado pelo autor provocou por todo o país uma reação furiosa. O fato de o livro atrever-se não apenas a colocar em discussão tendências ideológico-culturais das classes média e alta das grandes cidades — respectivamente nos planos da música popular, dos espetáculos musicais de intenção política e de "movimentos" populistas, como o da pretensa mistura de classes em locais como o restaurante popular *Zicartola* e a gafieira *Estudantina*, no Rio de Janeiro —, mas ainda pretender subordinar tudo a uma crítica de tom contraditório, revelou-se insuportável para a opinião dominante. Apontado como reacionário e ultrapassado, o autor seria acusado de pretender "folclorizar" a cultura das cidades e de propor a nivelação da arte da classe média urbana à produzida pela gente das camadas baixas analfabetas ou semialfabetizadas.

A incompreensão dos contemporâneos resultava, naturalmente — como hoje, passados trinta anos, a perspectiva histórica já permite observar —, da incapacidade de perceber que na base do enfoque crítico do autor estava a análise da vinculação entre o momento socioeconômico do país e a competente projeção de anseios e expectativas ideológico-culturais dele decorrentes, na cabeça dos componentes das diferentes classes sociais.

Música popular: um tema em debate

Com a contrariedade da *inteligentsia* ligada aos postulados estéticos da época sendo expressa não através de argumentos mas de xingamentos ao autor, suas interpretações socioculturais vieram a cair no esquecimento desde a 2ª edição do livro, às vésperas de 1970. Como compensadora resposta do autor, porém, suas conclusões aparecem agora, nesta 3ª edição de *Música popular: um tema em debate* — às vésperas do século XXI —, sancionadas pela história dos fatos recentes da cultura de massas no Brasil, o que consagra de maneira definitiva a vitória de seu modelo de estudo pioneiro.

(1997)

NOTA À 2ª EDIÇÃO

O livro que ora apresentamos em 2ª edição, em que pese a falta de organicidade própria de toda a compilação de artigos esparsos, não precisou de qualquer modificação substancial para esta volta a público. Pelo contrário: em apenas três anos, muito daquilo que se avançava como tese, ou previsão, já foi comprovado na realidade, e talvez algumas das afirmações que ainda sugerem dúvidas não cheguem à possível 3ª edição sem a chancela da certeza. Pode-se concluir por aí, que, no exame dialético da realidade econômica, social e cultural, se o determinismo de certos fatores for bem apreciado, o tempo trabalha a favor das conclusões do historiador ou do sociólogo.

Dessa forma, orgulhoso por nada ter de cortar, o autor limitou-se a acrescentar tópicos, esclarecimentos e atualizações que procuram imprimir maior valor aos apreciados, aumentando o livro que pode, assim, mais do que nunca, continuar de pé: no conteúdo, com novos argumentos; na estante, com mais quinze ou vinte páginas.

Dentro desse espírito, também a apresentação da 1ª edição, de 1966, foi respeitada, uma vez que (infelizmente), nem ao menos na parte que se refere à sobrevivência do latifúndio, os acontecimentos ofereceram matéria para mudanças do contexto.

(1969)

APRESENTAÇÃO

Este livro — que reúne estudos e artigos publicados pelo autor em vários jornais e revistas, de 1961 a 1965 — coloca em nível superior a discussão do tema da música popular, até hoje prejudicado pelo preconceito cultural das elites.

Com a honrosa exceção de Mário de Andrade, e de alguns poucos estudiosos mais, as manifestações de cultura urbana foram sempre definidas depreciativamente como "popularescas", como no caso dos folcloristas (que se interessam pelo povo com o paternalismo de autênticos senhores feudais da cultura), ou tratados apenas em nível jornalístico em pequenos artigos e reportagens de circunstância.

Mesmo na escassa bibliografia especialmente dedicada a figuras ou assuntos ligados à música urbana e ao carnaval carioca, os trinta e poucos livros até agora publicados não ultrapassam os limites da biografia e do levantamento apenas cronológico.

Faltava, assim, algum interessado que se dispusesse a encarar o fenômeno da cultura popular urbana como uma manifestação viva de camadas da população submetidas a uma determinada colocação na escala social, e a determinados tipos de relações com os elementos de outras camadas. No momento dialético do atual quadro de relações sociais brasileiro — representado pela sofreguidão com que a juventude universitária da classe média busca uma ponte de contato com o povo, em consequência do seu rompimento com os conceitos e preconceitos da elite dominante —, quer-nos parecer que esta tentativa de interpretação se tornava inadiável.

Música popular: um tema em debate

Pelos trabalhos deste livro, vai-se notar que o autor assume reacionariamente a defesa da cultura que melhor representa o estágio de semianalfabetismo das camadas mais baixas da população, contra a pretendida "evolução" que alguns supõem resultar do encontro dessa cultura com a semierudita, ou mesmo erudita, atualmente ao alcance da classe média.

Coerente com o método de abordagem sociológica adotado na interpretação dos temas aqui em estudo, o autor explica sua posição intelectual com o fato de, no presente instante do desenvolvimento brasileiro, a cultura das camadas mais baixas representar valores permanentes e históricos (o latifúndio ainda não foi abolido), enquanto a cultura da classe média reflete valores transitórios e alienados (o desenvolvimento industrial ainda se submete a implicações do capital estrangeiro).

Isso quer dizer que, enquanto o que se chama de "evolução", no campo da cultura, não representar uma alteração da estrutura socioeconômica das camadas populares, o autor continuará a considerar autênticas as formas mais atrasadas (os sambas quadrados de Nelson Cavaquinho, por exemplo), e não autênticas as formas mais "adiantadas" (as requintadas harmonizações dos sambas bossa nova, por exemplo).

Com tal definição o autor explica seu método e se dá por explicado, pedindo um pouco de desculpas por certa falta de modéstia, implícita no tom professoral de alguns dos seus trabalhos. Que a possível fraqueza se desculpe com o fato de a maioria das coisas ditas neste livro jamais terem sido escritas antes.

INTRODUÇÃO AO DEBATE

SAMBA E MARCHA: PRODUTO URBANO

Os gêneros de música urbana reconhecidos como tipicamente cariocas — o samba e a marcha — surgiram e fixaram-se no período de sessenta anos que vai de 1870 (quando a decadência do café no Vale do Paraíba começa a liberar a mão de obra escrava destinada a engrossar as camadas populares do Rio de Janeiro) até 1930 (quando uma classe média urbana gerada pelo processo de industrialização anuncia a sua presença com o Estado Novo).

Esses gêneros de música representaram, na verdade, a contribuição cultural das primeiras camadas de caráter realmente urbano do Rio de Janeiro. Até então, o que havia era a música operística da elite (que eventualmente cultivava a valsa e a modinha), os gêneros estrangeiros das polcas, *shottisches* e quadrilhas, importados para uso das camadas médias e "populares", e, finalmente, o batuque, de sabor africano, exclusivo dos negros que formavam o grosso da camada mais baixa, mas aos quais não se poderia chamar de povo.

Desde o século XVIII existia, é certo, a música de barbeiros, cultivada por negros escravos e forros, e cuja maneira chorada de tocar os gêneros em voga passaria na segunda metade do século XIX aos conjuntos de flauta, violão e cavaquinho. Esse seria, porém, um simples estilo de tocar, cuja maior contribuição específica se revelaria no maxixe, ritmo para dança de par que logo entraria em decadência pela dificuldade dos seus passos, quedas e parafusos.

A marcha e o samba não nasceram do desdobramento eventual de uma maneira de tocar, mas constituíram criações conscientes, destinadas a atender a fins específicos: a necessidade de ritmos capazes de servir à cadência das lentas passeatas dos ranchos e à procissão desvairada dos blocos e cordões carnavalescos.

Enquanto durou o entrudo, que era extremamente individualista (a graça era molharem-se e sujarem-se uns aos outros), a festa que depois seria o carnaval era brincada em casa pelas famílias, e na rua pelos escravos e a ralé. Quando, porém, a crescente complicação da estrutura social destruiu esse esquematismo, através do aparecimento de camadas diversificadas, o carnaval ganhou um sentido de diversão coletiva. Então apareceram os ranchos, os blocos e os cordões, e esses grupamentos precisaram de ritmo próprio.

A marcha e o samba foram produtos do carnaval. A nascente classe média do Segundo Reinado desde meados do século resolvera o seu problema de participação na festa coletiva com a criação dos préstitos imitados do carnaval veneziano. As camadas mais baixas, entretanto, sem recursos financeiros para a armação de carros alegóricos, tiveram que criar uma forma própria de expressão. E eis como nasceram os ranchos.

Os ranchos carnavalescos, que representam a primeira manifestação popular do Rio de Janeiro, constituíram uma adaptação dos Ranchos dos Reis Nordestinos e devem a sua estilização aos baianos que formavam o grosso dos moradores da zona da Saúde.

A zona da Saúde, ao longo da hoje Rua Sacadura Cabral, além da Praça Mauá, era o local dos trapiches onde se movimentava a mercadoria de exportação, principalmente o café do Vale do Paraíba. Para o transporte das sacas de 73 quilos exigia-se um tipo de trabalhador rijo e musculoso, que era sempre o trabalhador escravo. Com a decadência da cultura do café no Rio de Janeiro e a abolição da escravatura, essa mão de obra rural liberada convergiu para a Corte, onde o trabalho urbano mais compatível com a sua falta de qualificação e a força dos seus músculos era o trabalho do porto.

Esses trabalhadores baianos — que assim têm explicada sua presença numerosa no bairro da Saúde — eram os mais habilitados a impor o seu estilo à crescente massa popular da cidade por uma razão fundamental: eles procediam do Recôncavo baiano, onde a multiplicação dos pequenos portos permitira sempre uma relação tão dinâmica entre as comunidades negras que, com o correr dos anos, se tornara possível obter nos campos da religião, da música e dos costumes uma síntese brasileira da cultura africana.

Procedentes de núcleos rurais onde se cultivaram os ranchos de Reis, mas ao mesmo tempo bastante urbanizados para saberem adaptar essa manifestação folclórica à realidade da festa citadina do carnaval, os baianos da Saúde criaram por volta de 1870 os primeiros ranchos carnavalescos cariocas. Ora, nesses ranchos, onde se cantavam em marcha as quadras e as solfas mais populares entre os negros da Bahia, também se "arrojava o samba", isto é, também se incluía um ritmo e um sapateado que nada mais eram do que uma estilização da vigorosa coreografia do batuque.

Quando a maestrina Chiquinha Gonzaga compôs em 1899 a marcha "Ô Abre Alas", a pedido dos crioulos componentes do cordão Rosa de Ouro, nada mais fez que aproveitar — segundo ela mesma confessaria — o ritmo marchado que os negros imprimiam às músicas bárbaras que cantavam enquanto avançavam pelas ruas entre volteios, requebros e negaças.

Em 1917, quando o sucesso da composição intitulada "Pelo Telefone" chamou a atenção para o ritmo do samba, que havia muito tempo andava aqui e ali em tantas composições, verificou-se que a música reunia — como em uma colcha de retalhos — reminiscências de batuques, estribilhos do folclore baiano e sapecados do maxixe carioca.

Samba e marcha: produto urbano

A marcha — muito em coerência com o fato de ter sido criada por uma compositora da alta classe média da época — ia evoluir no início do século para um aproveitamento orquestral, ao chegar o período áureo dos grandes ranchos, já completamente urbanizados, e mais tarde para a brejeirice fabricada dos carnavais de salão.

O samba, nascido como gênero carnavalesco do aproveitamento de ritmos baianos por parte dos compositores cariocas (principalmente Sinhô), passaria também em pouco tempo ao domínio dos primeiros profissionais da classe média que dominaram desde logo os meios do disco e do rádio, passando a evoluir segundo toda uma série de influências estranhas à cultura popular brasileira, ou seja, a da música norte-americana dos *jazz-bands* e a do semieruditismo dos orquestradores, dos quais Pixinguinha foi um dos pioneiros.

Ao despontar a década de 1930, o samba e a marcha, já "amansados" para o gosto das novas camadas da classe média, ganharam toda uma série de variações em torno do ritmo fundamental de 2/4: marcha, marchinha, marcha-rancho, samba, batucada, batuque, samba-canção e samba-choro, este último um gênero híbrido que, a despeito de efêmero, não deixou de oferecer pelo menos uma obra-prima, o "Carinhoso", de Pixinguinha.

A história do samba carioca é, assim, a história da ascensão social contínua de um gênero de música popular urbana, num fenômeno em tudo semelhante ao do *jazz*, nos Estados Unidos. Fixado como gênero musical por compositores de camadas baixas da cidade, a partir de motivos ainda cultivados no fim do século XIX por negros oriundos da zona rural, o samba criado à base de instrumentos de percussão passou ao domínio da classe média, que o vestiu com orquestrações logo estereotipadas, e o lançou comercialmente como música de dança de salão. A partir desse momento, ao correr da década de 1930, passou a haver não um samba, mas vários tipos de samba, conforme a camada social a que se dirigia: os netos dos negros da zona da Saúde subiram os morros tocados pela valorização do centro urbano e continuaram a cultivar o samba batucado logo conhecido por "samba de morro"; a baixa classe média aderiu ao samba sincopado (o samba de gafieira); a camada mais acima descobriu o samba-canção, e, finalmente, a alta classe média forçou o aboleramento do ritmo do samba-canção, a fim de torná-lo equivalente ao balanço dos *fox-blues* tocados por orquestras de gosto internacional no escurinho das boates.

Foi quando a coisa estava nesse ponto que apareceu a geração da bossa nova. Mas isso já é outra história.

PROBLEMAS

1.
OS PAIS DA BOSSA NOVA

Filha de aventuras secretas de apartamento com a música norte-americana — que é, inegavelmente, sua mãe — a bossa nova, no que se refere à paternidade, vive até hoje (1966) o mesmo drama de tantas crianças de Copacabana, o bairro em que nasceu: não sabe quem é o pai.

Até pouco tempo, tal como acontece em certo samba de João Gilberto, os personagens dessa história de amor pelo *jazz* eram tão obscuros e ignorados que se pode dizer que o pai da novidade seria um João de Nada, e ela — a bossa nova — uma Maria Ninguém.

Acontece que, de uma hora para outra, a mãe norte-americana da jovem bossa meio-sangue resolveu reconhecê-la publicamente como filha, acenando-lhe com uma herança fabulosa de dólares — em diretos autorais.

E foi assim que, como em um conto de Mark Twain, começaram a aparecer — para desgraça da reputação da mãe da pobre moça — os pais da bossa nova.

O interessante é que, desde o início, a verdadeira paternidade da bossa foi sempre aceita como tão contraditada, que as principais figuras do movimento nunca eram intituladas de pais, mas de *papas* — o que não deixa de constituir uma ironia etimológica, uma vez que *papa*, em latim, também quer dizer *papai*.

E eis como, de repente, o problema fundamental constituiu-se em saber, diante de tantos *papas*, quem era, de fato, o *papa* da bossa nova.

Apenas a título de curiosidade, vejamos alguns dos personagens que chegaram, através da carinhosa ironia da imprensa, a terem seus nomes incluídos entre os papas da bossa nova.

JOHNNY ALF, pianista (mulato brasileiro de nome americano, disfarçando o nome verdadeiro: João Alfredo);

ANTÔNIO JOBIM, maestro (compositor repetidamente acusado de apropriar-se de músicas norte-americanas, esconde o nome Antônio sob o apelido americanizado de Tom);

VINICIUS DE MORAES, poeta (velho compositor desconhecido até o advento da bossa nova, já em 1933 conseguia gravar o fox-canção "Dor de uma Saudade", imitando o ritmo norte-americano);

JOÃO GILBERTO, violonista (cidadão baiano, conhecido na intimidade por Gibi, de quem chegou a anunciar-se que ia requerer a cidadania norte-americana);

BADEN POWELL, violonista (contratado para tocar nos Estados Unidos, veio ao Brasil apenas para casar, regressando em seguida. Mais tarde acusado de apropriação de termos folclóricos, que divulgou com seu nome, figura como criador de uma coisa que não existe: o chamado "samba-afro". Seu nome vem da admiração alienada do pai pelo general imperialista inglês criador do escotismo);

LAURINDO DE ALMEIDA, violonista (foi para os Estados Unidos há 18 anos na esteira do sucesso de Carmen Miranda, passando logo, como músico de *jazz*, a ser considerado mais norte-americano que brasileiro);

RONALDO BÔSCOLI, jornalista (responsável pela publicidade inicial da bossa nova, foi preterido pelo colega Sílvio Túlio Cardoso na viagem aos Estados Unidos paga pelo Itamarati, e que redundou no fracasso do espetáculo do Carnegie Hall);

CARLOS LIRA, violonista (autor da música do samba "Mr. Golden", de parceria com Daniel Caetano, pretendeu a liderança da ala nacionalista da bossa nova com o samba

"Influência do Jazz", em que comprovava a influência do *jazz* no samba de bossa nova).

Vamos ficar apenas nestes nomes para não cair naquele exagero de uma reportagem da revista *O Cruzeiro* de 13 de fevereiro de 1960, cujo autor afirmava — no auge do entusiasmo — que "a BN, consagrada, tem mais de cem pais e muita assistência".

A verdade é que, para os delicados fins da apuração da paternidade, mesmo reduzindo de cem para oito o número dos candidatos, ainda é muita gente putativa.

Assim, mais para oferecer alguns elementos destinados a facilitar as conclusões, do que para resolver em definitivo o problema, vamos colocar alguns pingos nos *ii*.

Em primeiro lugar, quem foi o pai do próprio nome *bossa nova*?

Até muito recentemente se pensava que, ao menos neste ponto, a bossa nova era mesmo filha de pai ignorado. Sabia-se, por exemplo, que a expressão *bossa* sempre designara, na gíria carioca, o talento especial de uma pessoa para fazer determinada coisa. Pois muito bem: a consulta a velhos dicionários viria mostrar que a palavra bossa não é sequer portuguesa, mas constitui antigo galicismo, inclusive no seu sentido popular, pois já os franceses haviam enxergado, com olho gaiato, no calombo comum aos dromedários, a verdadeira *bossa* dos camelos.

Quem, no entanto, teria ajuntado providencialmente a palavra *nova* ao velho galicismo *bossa*, criando expressão tão caracteristicamente carioca?

Caberia ao jornalista Sérgio Porto (mais conhecido como Stanislaw Ponte Preta) revelar esse personagem, afirmando ter sido ele um crioulo engraxate das imediações do prédio do Banco do Brasil. Segundo contou, o preto bem-humorado, ao vê-lo sentar-se em sua cadeira com os sapatos sem cadarço, virou-se para ele e comentou:

Os pais da bossa nova

— Bossa nova, hem, chefe?

Como Sérgio Porto achou a expressão bem apanhada e passou a usá-la na coluna de jornal que então mantinha no *Diário Carioca*, alguém se lembrou, em 1959, de anunciar em um quadro-negro, no clube israelita, nas Laranjeiras, em que os rapazes dos então chamados *"samba sessions"* foram tocar: "Hoje, audição de um grupo de bossa nova de música."

À maneira que os músicos iam chegando, os rapazes e moças do clube perguntavam:

— Vocês é que são da bossa nova?

E foi assim que, a partir daquela noite, o movimento de rapazes de Copacabana ganharia o nome que o contrabaixista norte-americano Harry Babasin viria "explicar" depois, bobocamente, como originado da palavra *basso* — que, simplesmente, não existe em português.

Mas, e o pai do novo modo de tocar sambas, que se cobriria com esse nome de bossa nova?

Da lista de precursores referida, não há dúvida de que as figuras mais recuadamente ligadas à nova concepção musical (definida pelo compositor e pianista Sérgio Ricardo como "a exploração dos contratempos") foram o *bebopista* Johnny Alf e o então parceiro de Billy Blanco, o maestro Tom Jobim, autor da "Sinfonia do Rio de Janeiro", que incluiria em 1955 o quadro "Hino ao Sol", apontado pelo musicólogo Brasil Rocha Brito como "a primeira composição já integrada, mesmo por antecipação, na concepção musical que se iria firmar três anos depois: a bossa nova".

No entanto, acontece que, para muita gente, o verdadeiro pai da bossa nova não seria nem Johnny Alf nem Tom Jobim, mas exatamente aquele a quem se deveria a batida de violão que viria a *firmar* a nova concepção musical, ou seja, João Gilberto.

Assim, considerando que as participações de Vinicius de Moraes e de Ronaldo Bôscoli se restringiram mais às letras das novas composições, e que a influência de Carlos Lira e Baden Powell (tal como a de Luís Bonfá) só se faria sentir posteriormente, o verdadeiro pai da bossa nova poderia ser encontrado entre esses três músicos — Johnny Alf, Tom Jobim e João Gilberto — não fora a revelação do violonista Laurindo de Almeida, nos Estados Unidos, segundo a qual as bases musicais da BN já estariam lançadas desde 1953, por ele e pelo contrabaixista Harry Babasin. Como prova de sua afirmativa, Laurindo de Almeida citou os dois álbuns hoje reeditados sob o título *Brazilliance vol. 1* e *Brazilliance vol. 2*, registrando as faixas gravadas por ele, por Babasin e pelo saxofonista Bud Shank (que aqui esteve durante o carnaval de 1963) em um pequeno estúdio do Boulevard Santa Monica, em Hollywood, e que saíram primeiro num LP de 10 polegadas, e depois em outro mais amplo, de 12 polegadas.

Antônio Carlos Jobim e os rapazes pioneiros dos *"samba sessions"* do apartamento de Nara Leão, na Avenida Atlântica, na certa vão estrilar, mas o fato é que Laurindo de Almeida, ainda para defender sua primazia, afirma ter trazido pouco depois ao Brasil 25 exemplares daquelas gravações, que ficaram circulando pelo Rio e São Paulo por volta da mesma época em que explodia a novidade do "Hino ao Sol".

— *I give copies to many of my friends* — contou Laurindo de Almeida ao crítico de *jazz* John Tynan, da revista *Down Beat*, para acrescentar ainda no inglês que se tornaria a sua língua de adoção:

— *And it was given close attention.*

Aliás, cabe revelar aqui, fiado no mesmo John Tynan, que a bossa nova poderia, ainda, ser filha não de qualquer dos brasileiros americanizados que entraram na lista, mas de um norte-americano mesmo: segundo o crítico de *Down Beat*, Harry Babasin declarou-lhe pessoalmente estar convencido de que a característica distintiva da bossa nova fora já por ele delineada na linha ao mesmo tempo alterada e flexível que desenvolvera em seu contrabaixo, nos idos de 1947, durante os primeiros contatos com o brasileiro Laurindo de Almeida, em Hollywood, nos intervalos das filmagens de *A Song is Born*.

Em quem acreditar, afinal, se quando se procura o pai da bossa nova entre oito personagens, vêm os norte-americanos e aumentam o número para nove com Harry Babasin, e até para dez se alguém puxar um pouco pelo Bud Shank?

Nós, da nossa parte, não vamos dar opinião. Para nós tudo que é bossa nova, seja Johnny Alf ou Bud Shank, é americano. Pois eles todos, que são americanos, que se entendam.

O PORQUÊ DOS NOMES

A publicação do artigo "Os pais da bossa nova", primeiro na revista *Senhor*, números 50-51, de abril-maio de 1963, e depois a sua reprodução na 1ª edição deste livro, em 1966, provocou uma grande reação entre os jovens adeptos do novo gênero musical aculturado a partir de informações da música norte-americana.

Impossibilitados de responderem ao principal ponto arguido nesse artigo, em que — no auge da aceitação da bossa nova pelas altas camadas da classe média urbana brasileira — o autor procurara, em tom de bom humor, realizar um primeiro levantamento das raízes de todo um processo de alienação cultural imposto à música popular, os defensores do novo estilo procuraram conduzir a discussão para o plano sentimental, acusando o artigo de revestir-se de um cunho pessoal e injusto para com alguns personagens. Assim, enquanto os produtores teatrais Miéle e Bôscoli encenavam em meados de 1966, no Teatro Princesa Isabel, no Rio de Janeiro, um *show* intitulado *Primeiro Tempo 5 x 0*, com o cantor Taiguara atirando longe o livro *Música popular: um tema em debate*

30   Problemas

com a frase "o livro do Tinhorão dura apenas cinco minutos, a bossa nova já vai fazer dez anos, meu tempo de artista", os comentários de imprensa censuravam dois pontos principais do artigo: o autor fora inexato quando, ao citar Tom Jobim, escreveu que ele escondia "o nome Antônio sob o apelido americanizado de Tom" (lembravam que, em inglês, Tom é apelido não de Antônio, mas de Thomas), e ainda fora de uma crueldade sem sentido quando, referindo-se a Baden Powell, escrevera: "Seu nome vem da admiração alienada do pai pelo general imperialista inglês criador do escotismo".

Ora, o que o autor pretendera caracterizar — naquele momento mesmo em que a afirmação de valores tradicionais da música popular brasileira se considerava prova de mau gosto — foi a tendência geral à entrega passiva ao estrangeiro, responsável pela inflação de prenomes indicadores de admirações basbaques, como os das Shirleys (sugerido pela forma da menina-prodígio de Hollywood Shirley Temple), Marys e Franklins, e da própria cantora Claudete Soares, cujo nome por extenso é Claudete Colbert Soares.

No caso especial de Tom Jobim, o que se apressou em esclarecer foi que esse apelido se originou do fato de uma sua irmã só chamá-lo, quando criança, Ton-Ton. Ora, numa época em que Farnésio Dutra estava exatamente se transformando em Dick Farney, em que Hilda Soares da Silva se transformava em Leny Everson, e em que Manuel Xisto virava Fred Williams, e o pernambucano Elpídio Sales Pessoa, nascido em Pau D'Alho, passava a assinar-se Fat's Elpídio, como é que se poderia esperar que Antônio Carlos Jobim não aproveitasse o Ton-Ton para virar Tom, embora Tony fosse o mais correto em inglês? Para mostrar a pertinência do dado, sociologicamente falando, a pergunta que cabe é esta: se a irmã de Antônio Carlos Jobim, influenciada pela linguagem nordestina, o chamasse Tonho, ou por sugestão da fala caipira sulista o chamasse carinhosamente Tonico (como o da dupla caipira

Tonico e Tinoco), será que Antônio Carlos Jobim e sua família teriam adotado a sugestão da irmãzinha?

Da mesma forma, quando no artigo, ao fazer referência a Vinicius de Moraes, o autor lembrou que "já em 1933 conseguia gravar o fox-canção 'Dor de Uma Saudade', imitando o ritmo norte-americano", o que se estava querendo era mostrar que a adesão do poeta ao movimento influenciado pela música norte-americana vinha ao encontro de sua formação musical já comprovadamente alienada, desde a década de 1930.

Aliás, como essa referência às primeiras tentativas de Vinicius de Moraes, quase trinta anos antes do advento da bossa nova, causou surpresa, seria preciso lembrar que a atuação do poeta como compositor de gênero americanizado não ficara na letra do *fox-trot* citado. Sempre de parceria com Haroldo Tapajós, ora com Paulo Tapajós — que àquela época começavam no rádio formando a dupla de cantores Irmãos Tapajós —, Vinicius teve oportunidade de contribuir, apenas no ano de 1932, com nada menos de seis letras para *fox-trots*, fox-canções e *fox-blues* com que novos compositores da classe média, profissionalizados pelo rádio, colaboravam para reforçar a descaracterização da música popular brasileira, num reforço espontâneo à ação do disco e do cinema falado americanos, a partir do filme *Broadway Melody*, de 1928.

De fato, em discos Columbia, hoje muito raros, o nome de Vinicius de Moraes aparecia como autor em parceria com os Tapajós nas seguintes composições:

"O Nosso Amor de Criança", *fox-trot*, música de Haroldo Tapajós, letra de Vinicius de Moraes, cantores Paulo e Haroldo Tapajós, com acompanhamento de violões. Disco Columbia 22.216-B.

"Namorado da Lua", *fox-canção*, música de Haroldo Tapajós, letra de Vinicius de Moraes, cantores Paulo e Haroldo Tapajós, Disco Columbia 22.216-B.

"Honolulu", *fox-canção*, música de Paulo Tapajós, letra de Vinicius de Moraes, cantado pelos Irmãos Tapajós, com acompanhamento pela Orquestra Columbia. Disco Columbia 22.237-B.

"Diga, Moreninha", *fox-trot*, música de Paulo Tapajós, letra de Vinicius de Moraes, cantado pelos Irmãos Tapajós, com acompanhamento pela Orquestra Columbia. Disco Columbia 22.237-B.

"Loura ou Morena", *fox-canção*, música de Haroldo Tapajós, letra de Vinicius de Moraes, cantado por Paulo e Haroldo Tapajós. Disco Columbia 22.138-B.

"Doce Ilusão", *fox-blue*, música de Haroldo Tapajós, letra de Vinicius de Moraes, cantado por Paulo Tapajós e Haroldo Tapajós, com acompanhamento da Orquestra Columbia. Disco Columbia 22.138-B.

Por essa época, Vinicius de Moraes, às vésperas de estrear como poeta com os livros *O caminho para a distância* e *Forma e exegese*, cheios de preocupações metafísicas nascidas da sua amizade com o escritor católico Otávio de Faria, já evidenciava na letra do *fox-trot* "Loura ou Morena" a maleabilidade com que, quase trinta anos depois, com o movimento da bossa nova, se revelaria capaz de reassumir a posição de colaborador da penetração cultural norte-americana na música popular brasileira. Feita a exegese do verdadeiro papel do poeta-letrista, eis, na íntegra, o poema do *fox-trot* "Loura ou Morena", que positivamente não brilhava pela forma:

LOURA OU MORENA

Letra de Vinicius de Moraes
Música de Haroldo Tapajós
Edição "A Melodia"
Rua Gonçalves Dias, 140

Se por acaso
O amor me agarrar

Quero uma loura
Pra namorar
Corpo bem feito
Magro, perfeito,
E o azul do céu no olhar...

Quero também
Que saiba dançar
Que seja clara
Como o luar
Se isso se der
Posso dizer que amo uma mulher!

Mas se uma loura
Eu não encontrar
Uma morena é o tom
Uma pequena
Linda, morena,
Meu Deus, que bom!

Uma morena
Era o ideal,
Mas a lourinha
Não era mal
Cabelo louro
Vale um tesouro
É um tipo fenomenal.

Cabelos negros
Têm seu lugar
Pele morena
Convida a amar
Que vou fazer
Ah! eu não sei como é que vai ser...

As mulheres
Que desespero

Que desespero de amor
É a lourinha
É a moreninha,
Meu Deus, que horror!

Se da morena
Vou me lembrar,
Logo na loura
Fico a pensar,
Louras, morenas,
Eu quero apenas
A todas glorificar.

Sou bem constante
No amor leal,
Louras, morenas,
Sois o ideal
Haja o que houver
Eu amo em todas somente a mulher!

(Transcrito conforme publicado no *Jornal de Modinhas* de 29 de novembro de 1932, ano VI, nº 297, p. 4.)

Como se verifica, pois — inclusive pelos fatos que vieram reforçar nos anos seguintes o sentido da crítica do autor ao movimento e aos principais nomes da bossa nova —, o artigo de 1963 em nada perdeu da sua validade. Pelo contrário — e parafraseando a ironia de Miéle e Bôscoli em seu *show Primeiro Tempo 5 x 0* —, enquanto a bossa nova do amor e da flor viveu cinco minutos na história da música popular brasileira, o livro *Música popular: um tema em debate* chegaria à 2ª edição três anos depois. E, para ironia maior, à 3ª edição quando a própria bossa nova já virara saudade.

Os pais da bossa nova

2.
ROMPIMENTO DA TRADIÇÃO,
RAIZ DA BOSSA NOVA

O aparecimento da chamada bossa nova na música urbana do Rio de Janeiro marca o afastamento definitivo do samba de suas origens populares.

Intimamente ligado (tal como o *jazz*, nos Estados Unidos) ao ritmo criado por núcleos urbanos de população negra, o samba havia conseguido evoluir durante quase quarenta anos sofrendo alterações praticamente apenas na sua parte melódica.

O ritmo — que representava a *paganização* das batidas de pés e mãos da marcação do batuque e dos pontos de candomblé da Bahia — conservava ainda (embora abastardado pelos bateristas de orquestras) aquele elemento primitivo fundamental, representado pela correspondência entre a percussão e uma competente reação neuromuscular.

Esse fato, só modernamente estudado, foi observado por alguns estudiosos do *jazz* como R. W. Gordon, que escreveu ao apreciar o fenômeno dos *spirituals*, espécie de *pontos* de candomblé dos negros norte-americanos:

> "Quem quer que tenha ouvido *spiritual* como deve ser cantado sabe que é praticamente impossível ficar imóvel enquanto o ouvimos. O ritmo exige movimento físico. Os pés insistem em bater no chão, o corpo balança, ritmado, ou as mãos batem de leve. Há um desejo irreprimível de levantar e lançar todo o corpo em movimento cadenciado."

Esse *impulso*, que leva ainda hoje, nos ensaios das escolas de samba, o auditório de pessoas brancas e educadas a tentar ensaiar também alguns passos, imitando o dos negros sambistas (invariavelmente sem sucesso), comprova a validade científica dessa correlação entre as batidas do samba tradicional e a intuição rítmica das camadas baixas da população, onde negros, mestiços e brancos se nivelam na baixa condição econômica.

Ora, a década de 1950 marcava, no Rio de Janeiro, o advento da primeira geração de jovens do após-guerra e após-ditadura. Estabelecida pela corrida imobiliária a divisão econômica da população da cidade — os pobres na Zona Norte e nos morros, os ricos e remediados na Zona Sul — apareceria logicamente na zona grã-fina de Copacabana uma camada de jovens completamente desligados da tradição, isto é, já divorciados da espécie de promiscuidade social que permitira até então, aos representantes da classe média, participar de certa maneira, em matéria de música popular, do contexto cultural da classe colocada um degrau abaixo na escala social.

Esse divórcio, iniciado com a fase do samba tipo *bebop* e abolerado de meados da década de 1940, atingiria o auge em 1958, quando um grupo de moços, entre 17 e 22 anos, rompeu definitivamente com a tradição, modificando o samba no que lhe restava de original, ou seja, o próprio ritmo.

Tal acontecimento, resultante da incapacidade dos moços da bossa nova de sentir, *na própria pele*, a assimetria característica do ritmo dos negros, seria representado pela substituição da intuição rítmica tradicional pela esquematização, representada pela multiplicação das síncopas, acompanhada de uma descontinuidade entre o acento rítmico da melodia e o do acompanhamento — espécie de birritmia de acento desencontrado, responsável pela impressão auditiva bem representada no apelido de *violão gago*, atribuído ao acompanhamento do samba bossa nova.

Rompimento da tradição, raiz da bossa nova

Essa nova moda, em matéria de música popular, correspondia exatamente a um tipo novo (embora sociologicamente inevitável) de alienação não desejada das elites brasileiras, ao início de um processo de rápida industrialização. O mesmo que levava o Presidente Kubitschek a saudar com discurso de afirmação nacional a fabricação dos primeiros modelos de automóveis JK no Brasil, diante de algumas unidades trazidas às pressas da Itália, desmontadas, para servirem à ocasião.

Fora dentro desse mesmo espírito que os rapazes dos apartamentos de Copacabana, cansados da importação pura e simples da música norte-americana, resolveram *montar* o novo tipo de samba, à base de procedimentos da música clássica e do *jazz*, de vocalizações colhidas na interpretação jazzística (Ella Fitzgerald) e de uma mudança da temática para o campo intelectual mais identificado com os componentes do grupo, ou seja, da poesia erudita (o que explica o sucesso do poeta Vinicius de Moraes como letrista).

A intenção — em coerência com a euforia geral da população em face do chamado *desenvolvimento econômico* destinado a tornar o Brasil *a maior nação do mundo* — era a melhor possível, tendo o musicólogo Brasil Rocha Brito definido o movimento como "o culto da música popular no sentido de integrar no universal da música as peculiaridades específicas daquela".

3.
CAMINHOS DO *JAZZ*
CONDUZEM À BOSSA NOVA

Os fundadores do movimento denominado bossa nova chegaram à música popular através do *jazz* ou — como no caso de Antônio Carlos Jobim — pela frustração das ambições no campo da música erudita.

A proliferação das boates, no bairro de Copacabana, exigindo para sua clientela de turistas estrangeiros e dos representantes do chamado *café society* brasileiro um tipo de música de dança mais disciplinada e universal, incentivou a formação de pequenos conjuntos de piano, violão elétrico, contrabaixo, saxofone, bateria e pistão, que se especializaram num tipo de ritmo misto de *jazz* e de samba.

Como a finalidade era tocar para um público interessado apenas em dançar no escuro, os componentes dos conjuntos se permitiam imitar os *jazz-bands* pioneiros, subindo sucessivamente ao primeiro plano, para solos de improviso, o piano, o violão elétrico, o sax etc.

Os cantores — que nas orquestras de boate não devem brilhar como cantores, mas, apenas, fazer sua parte sem incomodar com rasgos de interpretação um público que os ignora —, esses passaram a imitar também os cantores de *jazz* americanos, adotando as vocalizações que integram a voz no conjunto instrumental.

Aí estavam reunidos, pois, todos os elementos que a partir de meados da década de 1950 os criadores da bossa nova invocariam para justificar o seu movimento: música anticontrastante (*cool jazz*), integração da voz do cantor na orquestra ("ambas se integram e se conciliam, sem apresentarem elementos de contraste", na definição do musicólogo Brasil Rocha Brito), melodia não diatônica e esquematização rítmica, representada pelo abastardamento da batida tradicional do samba, através do estabelecimento de uma correspondência com as configurações rítmicas da estrutura melódica (impressão de birritmia conhecida por *violão gago*).

E foi assim que, por volta de 1956, um grupo de jovens filhos de famílias de boa situação econômica começou a reunir-se no apartamento da Srta. Nara Leão, na Avenida Atlântica, para realizar, no campo amadorístico, o que praticamente já faziam aqueles conjuntos de boate, ou seja, os chamados *"samba sessions"*, definidos como sessões de samba sem hora para começar nem acabar e com liberdade de improvisação.

Eram oito ou dez rapazes de sobrenomes notórios — Roberto Menescal, Ronaldo Bôscoli, Luís Carlos Vinhas, Antônio Carlos Castro Neves e outros — a maioria ainda frequentando o curso colegial ou preparando-se para o ingresso em faculdades.

Tal como trinta anos antes, em Vila Isabel, os componentes do Bando dos Tangarás (que se reuniam na casa de um industrial), os componentes dessa nova geração de músicos encontravam no amplo apartamento do Posto 4 o ambiente ideal para a floração do seu talento: regulavam todos pela mesma idade (17 a 22 anos), possuíam o mesmo nível de educação e cultura (inclusive musical), vestiam-se pelo mesmo figurino (camisa esporte, calças *blue-jeans*, sapatos mocassim sem meias) e eram unânimes na admiração da música norte-americana.

Reunidos assim, à volta de um ideal — encontrar uma saída para o samba, que havia *parado*, era *quadrado* e só falava em *barracão* —, os moços de Copacabana continuavam a *castigar* os seus instrumentos na base do *jazz*, quando

40

Problemas

surgiu um baiano que se acompanhava ao violão com uma batida de bossa realmente nova.

Esse baiano de Juazeiro chamava-se João Gilberto, e os moços do *jazz* em samba haviam-no descoberto tocando violão na boate Plaza, de Copacabana, onde chamava a atenção com improvisos dentro da sua invenção de acordes compactos, com passagens que deixavam perceber uma clara bitonalidade em relação ao fundo orquestral.

Era apenas o que estava faltando aos jovens músicos de apartamentos de Copacabana. Descoberto aquele pequeno *macete* (relevado o neologismo por fidelidade ao jargão dos rapazes da época), todo um campo novo se abria à perspectiva dos moços sem rumo, e, em pouco tempo, começariam a jorrar as composições do gênero de samba recém-inventado, todas com orquestrações à base de acompanhamento de violão no estilo de João Gilberto.

Esse pioneirismo incontestável do violonista baiano seria reconhecido pelo maestro Antônio Carlos Jobim, quando, ao escrever a contracapa do *long-play* denominado *Chega de Saudade* (Odeon MOFB 3.073) — o primeiro com produções de bossa nova — referiu-se a ele dizendo: "Em pouquíssimo tempo, influenciou toda uma geração de arranjadores, guitarristas, músicos e cantores".

Atraído para o círculo de músicos amadores, João Gilberto começou a cantar no seu estilo também muito pessoal as composições daqueles moços de Copacabana, impondo, a partir desse momento, como nova música da juventude urbana do após-guerra, esse gênero de samba híbrido que, por um acontecimento fortuito, ficaria conhecido como bossa nova.

Caminhos do *jazz* conduzem à bossa nova

4.
DE COMO A VELHA BOSSA
EMPRESTOU NOME À BOSSA NOVA

O nome *bossa*, para designar queda especial de uma pessoa para determinada atividade, é de etimologia popular até agora não determinada, mas existe como palavra corrente no Rio de Janeiro, pelo menos desde o início de 1930, quando Noel Rosa a registrou no samba "Coisas Nossas", que em uma das suas estrofes diz:

> O samba, a prontidão
> e outras bossas,
> são nossas coisas,
> são coisas nossas.

No campo da música popular, a palavra teria largo uso a partir da década de 1940, principalmente para referências ao samba de breque, que apresentava o novo tipo de bossa representada pelas paradas súbitas da música, a fim de encaixar frases faladas.

Foi quando surgiu a expressão "cheio de bossa", para designar alguém capaz de frases ou atitudes inesperadas, recebidas como demonstração de inteligência ou de real bom humor.

Assim, na segunda metade da década de 1950, quando começaram a se tornar conhecidos os jovens de Copacabana que traziam a novidade do seu samba de batida claudicante, o reconhecimento desse achado como uma *bossa nova* estava mais ou menos imanente.

Segundo os depoimentos de componentes do núcleo pioneiro de 1956, o seu batismo com esse nome se daria nos primeiros meses de 1959 por um acaso que indicava o reconhecimento geral da novidade do que o conjunto apresentava como sua maior bossa: convidado pelo Grupo Universitário Hebraico Brasileiro para uma exibição nas Laranjeiras, o conjunto de Roberto Menescal deparou logo à entrada com um quadro-negro em que alguém escrevera a giz: "Hoje, João Gilberto, Silvinha Telles e um grupo bossa nova apresentando sambas modernos".

E assim foi que, à medida que iam entrando com seus instrumentos, várias pessoas — sugestionadas pelos dizeres do cartaz — perguntavam aqui e ali aos componentes do conjunto: "Vocês é que são os bossa nova?".

— Não tivemos outra solução senão concordar — declarou Ronaldo Bôscoli ao lembrar o fato em entrevista publicada em 1960, confirmando que, só a partir dessa noite, o movimento passaria realmente a ser conhecido por esse nome, imediatamente adotado por todos.

O convite para essa exibição no clube de jovens israelitas, aliás, fora feito exatamente no momento em que o conjunto liderado por Ronaldo Bôscoli, após uma série de exibições nas casas de pessoas amigas, começava a associar-se a cantores de rádio — como João Gilberto e Silvinha Telles — por força de uma tendência que logo ensejaria também a profissionalização de vários dos componentes do grupo e de outras figuras até então mais ou menos à margem dos meios do rádio e de gravação, como o maestro Antônio Carlos Jobim e o poeta Vinicius de Moraes.

Eram ainda simples amadores, à essa época, os jovens Ronaldo Bôscoli, então namorado de Nara Leão, irmã da Sra. Danusa Wainer (desde solteira figura muito conhecida do *café society*), compositor; Roberto Menescal (guitarra); João Mário (bateria); irmãos Antônio Carlos (conhecido por Iko),

Léu e Oscar Castro Neves (contrabaixo, bateria e violão, respectivamente); Normando Santos (violão); e Francisco Feitosa (violão), este conhecido por Chico Fim-de-Noite, não por dormir tarde, mas por ter composto um samba denominado "Fim de Noite", com letra de Ronaldo Bôscoli.

A esses aqui citados como pioneiros por terem comparecido à noite histórica das Laranjeiras, em que o movimento ganhou o nome de bossa nova — juntavam-se, também, como amadores, Luís Eça (Luizinho, aluno de piano de Bené Nunes, na Gávea, desde os 11 anos de idade); Bebeto (carioca tocador de saxofone, cujo nome nunca foi citado por extenso na imprensa); José Henrique (sergipano dedicado ao contrabaixo de cordas); Carlos Lira (compositor, violonista e cantor, mais conhecido por Carlinhos Lira), e outros.

A tais jovens, tão logo a popularidade do samba bossa nova ensejou a oportunidade de ganhar dinheiro com discos, juntar-se-iam numerosos cantores, cantoras, vedetas, compositores, orquestradores e pianistas profissionais, como Lúcio Alves, Alaíde Costa, Norma Bengell e Elizabeth Gasper, Radamés Gnattali, Gaia, Lírio Panicali, Carioca, Astor, Severino Filho e vários outros jazzistas de talento flutuante, formados no período alienado do após-guerra.

Sobre todos esses pairaria a figura do único instrumentista, compositor e cantor realmente original: o baiano João Gilberto do Prado Pereira de Oliveira.

5.
MENINO NOEL ROSA
E MENINOS DA BOSSA NOVA:
UM PARALELO

A repetida afirmação de que Noel Rosa foi bossa nova em relação ao seu tempo sugere o estabelecimento de um paralelo que, para surpresa de quem observa o fenômeno, revela uma curiosa identidade entre o criador de "Cor de Cinza" e "João Ninguém" e os representantes do movimento que, surgido em 1958, iria fixar-se, cinco anos depois, dentro daquele mesmo dualismo romântico-social noelesco, tão bem representado pelo "Barquinho", de Menescal, de um lado, e o "Zelão", de Sérgio Ricardo, de outro.

Noel Rosa, tal como os rapazes representantes da bossa nova, fazia parte de uma camada nova da classe média do tempo, aquela mesma que — com o rápido adensamento da população urbana do Rio de Janeiro após a Revolução de 1930 — estava destinada a produzir em Vila Isabel um fenômeno em tudo paralelo ao de Copacabana de vinte anos depois, quando da corrida imobiliária propiciada pela abundância de capitais consequentes do chamado "esforço de guerra".

Tal como os moços da Zona Sul, Noel Rosa — branco, filho da cidade e sem ligações com os sambistas negros e mestiços semianalfabetos das camadas mais baixas — começaria a produzir muito cedo, aos 16 anos, quando ainda estudante do Colégio São Bento.

Da mesma forma que os pioneiros da bossa nova, Noel Rosa surgiria para o rádio e para o disco partindo do amadorismo, através da formação de um conjunto, o Flor do Tempo, que — coincidência — era também integrado apenas por rapazes de "boas famílias", não interessados inicialmente em ganhar dinheiro, mas apenas em dar vaza à sua arte, tocando em festinhas familiares.

A exemplo do conjunto dos bossa nova, que se reuniam para ensaiar no luxuoso apartamento da Srta. Nara Leão, no Posto 4, os integrantes do Flor do Tempo — Noel Rosa, Carlos Alberto Ferreira Braga, Henrique Foreis, Henrique Brito, Álvaro Miranda Correia — realizavam suas sessões de samba na casa de um industrial, o Sr. Eduardo Dale.

Ainda como os rapazes de Copacabana, os moços de Vila Isabel encontraram o caminho do rádio através da experiência de um maestro e arranjador erudito, o músico Homero Dornelas, que, tal como em 1958 o maestro Antônio Jobim, contribuiria, por volta de 1930, com a harmonização do que em Almirante era ritmo ("Na Pavuna") e em Noel Rosa era melodia.

Ambos os grupos, o de 1930 e o de 1950, estavam destinados a caminhar para a profissionalização representada pelo rádio e pelo disco, o que fariam ambos contribuindo com um *novo estilo de samba*, isto é, contribuindo com um tipo de música e de letra destinado a atender, por sua forma estilizada, ao gosto da nova camada a que se dirigia.

A forma pela qual se deu a estilização em 1930 e em 1950, no entanto, é que marca o instante daquelas diferenças que, colocando a identidade de fenômenos em planos diferentes, mostra, com toda a clareza, por que o samba noelesco atingiria o povo, e o samba bossa nova não conseguiu ultrapassar o estreito círculo da camada que o produz.

Noel Rosa e seu grupo viviam em um tempo em que as classes baixa e média da cidade, embora já suficientemente distanciadas a ponto de não se confundirem, coexistiam, por assim dizer, em uma mesma área urbana, por efeito da proliferação dos cortiços e das casas de cômodos, que apareciam ao lado das casas das "boas famílias".

Essa promiscuidade vitalizadora — desaparecida, principalmente em Copacabana, depois de 1945, com a invasão dos edifícios de apartamentos — permitia aos novos "filhos de família", desde as brincadeiras da infância, entrar em contato com os meninos filhos de pobres — os pretos e os mestiços, que, afinal, detinham, por assim dizer, a chave *folclórica* das festas e ritmos populares: as pastorinhas, os ranchos, os blocos (que já se transformavam, àquela época, em escolas de samba) e, finalmente, o próprio samba.

Quando os rapazes de Vila Isabel resolveram formar o seu conjunto, esse impulso representava o desejo de criar na sua classe um divertimento equivalente (embora necessariamente estilizado) ao dos conjuntos de batucada e de choro formado pelos componentes das camadas mais baixas.

Assim, embora tivessem começado titubeando (Almirante compunha emboladas, outros faziam choros e Noel, mesmo, fazia suas valsinhas), na hora de encontrar o seu ritmo, os componentes do Bando dos Tangarás (como passara a chamar-se o conjunto Flor do Tempo) valeram-se da sua relativa intimidade com as classes baixas e foram procurar na batucada o ritmo com que competiriam depois com os próprios negros e mestiços, tomando de assalto os meios de divulgação da época: o rádio e o disco.

Essa verdade, que estabelece de maneira clara a diferença de procedimento da turma de Noel e da turma da bossa nova — explicando a penetração popular da primeira e o impasse da segunda — foi admiravelmente bem captada em 1960 em um artigo intitulado "A propósito de samba", publicado no Suplemento "Letras e Artes" do *Diário Carioca*, de 7 de fevereiro daquele ano, com a assinatura de Juarez Balroso Ferreira. Nesse artigo, explicando a diferença da contribuição dos elementos brancos na formação do *jazz* norte-americano e na formação do samba carioca, o autor escreveu:

Menino Noel Rosa e meninos da bossa nova

"Se o desenvolvimento do *jazz* esteve sempre ligado às suas fontes, dada a segregação racial dos negros norte-americanos, de modo a poderem ser consideradas sem autenticidade, e mera imitação, as incursões dos brancos naquele campo, o mesmo não pode ser dito a respeito do samba. Também de origem negra, tomou forma, entretanto, quando os negros brasileiros eram negros por uma questão econômica, e não por questão de cor. Assim, criou personalidade não em ambiente reservado aos homens daquela raça (como ocorreu nos Estados Unidos), mas em camadas da população onde eles predominavam em decorrência de comporem pelo maior número uma classe social, da qual agora (como até agora) não tinham conseguido livrar-se. O samba é, portanto, produto do proletariado carioca com predominância negra, dentro de um quadro social em que a segregação era econômica e não racial. *Desse modo, pôde ser facilmente assimilado por aqueles elementos da pequena burguesia em fase de proletarização (?) e sem predominância racial negra, tornando-se um gênero de música popular tão próprio dos primeiros como dos segundos.*"

Assim, eis por que os sambas produzidos pelos contemporâneos de Noel — embora alguns sem grande sucesso, na época — encontrariam o caminho do agrado popular, permanecendo vivos trinta anos após a morte do grande compositor, e a produção da bossa nova, amparada no *bebop*, passou logo a apresentar sintomas, senão de envelhecimento, ao menos de mesmice, pouco mais de cinco anos depois de iniciado o movimento.

E a prova maior de que os moços da classe média de 1930 conseguiram impor ao povo o seu samba estilizado da batucada pela comunhão com a massa está em que, tão logo se profissionalizaram, entraram eles a formar parcerias com os compositores das camadas mais baixas, como foi o caso de Noel Rosa, fazendo sambas com Ismael Silva, um dos fundadores da primeira escola de samba.

6.
INFLUÊNCIA NORTE-AMERICANA
VEM DO TEMPO DO *JAZZ-BAND*

O samba, música urbana de país subdesenvolvido, deveria sofrer logicamente no curso da sua evolução a influência dos gêneros de música em voga nos centros mais desenvolvidos. A mais antiga e contínua dessas influências seria — como não poderia deixar de ser — a da música norte-americana.

O samba, como se recorda, apareceu no Rio nos primeiros anos do século XX, exatamente quando, no Sul dos Estados Unidos, a urbanização dos núcleos de população negra ensejava o aparecimento de novos gêneros de música de dança: o *jazz* do submundo dos bordéis de Storyville, o *ragtime* das *marching-bands* e *brass-bands*, e os *blues* que, inicialmente rurais, iam estilizar-se, tornando-se mais tarde, com o *fox-blue*, o tipo de canção preferida da classe média norte-americana. E isto por representar, no fundo, uma veste nova para as velhas baladas inglesas do tempo da colônia, tal como entre nós se deu com o samba-canção, ao incorporar as modinhas românticas.

O fato é que o tipo de música urbana criado em Nova Orleans pelos negros norte-americanos estava destinado à rápida comercialização, servindo nos centros mais desenvolvidos, como Chicago e Nova York, à formação de numerosas orquestras de danças que usavam o novo estilo *ragtime* para inventar a curiosidade passageira do *shimmy*, do *cakewalk* e do *charleston*.

No Rio, essa influência se revelaria inicialmente avassaladora em face do conjunto de circunstâncias representado pelo advento do gramofone, das vitrolas, das orquestras de cinema mudo e do próprio cinema falado e, finalmente, das gafieiras.

Essas novidades todas chegavam ao Brasil durante a segunda década do século XX, quando após a Primeira Guerra, os Estados Unidos iniciavam o grande *rush* industrial que estava destinado a desembocar na crise de 1929.

Essa corrida econômica, acelerando o processo de urbanização de largas camadas de população local e de imigrantes, em torno das maiores cidades industriais e centros administrativos norte-americanos, provocava o aparecimento de massas sequiosas de novidades (as novidades oferecidas pela indústria), para as quais todas as criações do século XIX — ainda presas aos modelos europeus — pareciam velhas e ultrapassadas.

Assim, quando a grande máquina da indústria e da publicidade mudou, de repente, o penteado e a altura das saias das mulheres, os conceitos de moral e o ritmo das danças (a maior contribuição dos negros nesse processo), as camadas médias da população do Rio de Janeiro — onde também se verificava um acelerado processo de urbanização — passaram a adotar as novidades norte-americanas como modelo, através de um mimetismo que atingiria a música popular.

De um momento para o outro, começaram a surgir no Rio de Janeiro os *jazz-bands*, as pequenas orquestras de música de dança que — para acentuar a novidade do ritmo — indicavam, pelos próprios nomes, a origem da sua influência: *American Jazz-Band*, de Sílvio de Sousa; *Jazz-Band Sul-Americana*, de Romeu Silva; *Orquestra Pan-Americana* etc.

Nos bailes do tipo gafieira, realizados em sobrados do Centro, do Catete e de Botafogo, onde se divertia o grosso da população negra e a mestiça, as orquestras eram chamadas simplesmente de *jazz* e — segundo depoimento de Jota Efegê no livro *O cabrocha* — tocavam eles, em 1930, indiferentemente, sambas, maxixes, *fox-blues* e valsas.

Essa influência era tão poderosa que, em 1929, o musicólogo Cruz Cordeiro, escrevendo sobre discos na sua revista *Phono-Arte*, acusava Pixinguinha de transplantar recursos da música norte-americana para a música brasileira.

A verdade é que, até essa época, a música popular carioca ainda não havia conseguido fixar os seus diferentes gêneros, o que refletia a falta de estruturação das camadas sociais a que se deviam dirigir, e que eram, elas também, de formação recente.

Seria, pois, apenas na década de 1930 que essa influência indiscriminada entraria por assim dizer em recesso, restringindo-se às orquestrações à base de metais. É que nesse momento, do seio das camadas realmente populares, segregadas em determinados bairros e morros em consequência do bota-abaixo que caracterizou a modernização da cidade nas duas primeiras décadas do século XX, surgiria o samba dito *de morro*, inicialmente liberto da influência da música norte-americana por ser feito à base de instrumentos de percussão e se dirigir expressamente ao carnaval.

Aliás, cabe lembrar que essa influência da música norte-americana só se faria sentir de certa maneira sobre as variedades de sambas orquestrados para atender ao gosto da classe média (samba-canção, samba orquestral tipo "Aquarela do Brasil" etc.), pois o samba criado no Estácio ao alvorecer da década de 1930, e até hoje cultivado pelos sambistas das escolas de samba, e ainda — de uma maneira geral — o samba de carnaval, o chorinho e a marcha, continuariam a evoluir dentro de características populares cariocas.

A volta da influência avassaladora da música norte-americana deu-se após uma trégua de quinze anos (os quinze anos de clausura política do Estado Novo), por volta de 1945, por força do falso princípio de reciprocidade instituído com a Política de Boa Vizinhança, em nome da qual o Brasil cedia matérias-primas e recebia em troca ioiôs de matéria plástica, garantindo o mercado americano para discos que não teria chance de exportar, em troca da invasão do mercado brasileiro pela produção comercial das fábricas norte-americanas, todas com subsidiárias funcionando no Brasil.

Cansados da música langorosa das orquestras tipo Glenn Miller e dos *blues* feitos para os gorjeios de Bing Crosby, os norte-americanos haviam partido para o *bebop*, que nada mais fazia do que sincopar o velho *jazz*, originando a série de subprodutos comerciais que viriam colher de surpresa os sambas abolerados que se fabricavam para as novas camadas do *café society*, criadas pela *oportunidade da guerra* e frequentadoras da novidade das boates.

Então, o que aconteceu foi o advento da era dos orquestradores, isto é, a dos músicos semieruditos a serviço das fábricas gravadoras, cuja missão seria a de harmonizar a rude inspiração popular (que se agarrava aos esquemas tradicionais) com o gosto alienado da classe que mantinha os olhos fixos nos modelos norte-americanos, tal como na década de 1920, mas era a que exatamente interessava por se encontrarem nela os compradores de discos.

De uma hora para outra, por influência desses orquestradores a serviço do comércio, o samba chamado de *meio de ano* — o samba usado para dançar — sairia do amolecimento do samba-bolero de 1945, mas para ganhar uma vivacidade não mais assentada sobre a variedade e a malícia de ritmo dos instrumentos de percussão, e sim sobre o virtuosismo dos instrumentos de sopro, que passariam a comandar as ações numa polifonia transplantada do *jazz*.

O movimento chamado de bossa nova, a partir de 1958, veio finalmente agravar essa quebra de tradição, aprofundando a influência do *jazz bebop*, ao mesmo tempo que modificava a batida tradicional do samba, através de uma espécie de esquematização destinada a transformar esse gênero de música popular carioca no âmbito da classe média numa pasta sonora, mole e informe.

7.
O SAMBA-CANÇÃO
E O ADVENTO DOS SEMIERUDITOS

O samba-canção, também chamado mais generalizadamente de samba de meio de ano, surgiu por volta de 1928, quando o samba realmente popular — o samba de carnaval — acabava de encontrar o seu ritmo, diferençando-se de uma vez por todas do maxixe.

Embora seu nome pareça indicar o casamento puro e simples do samba com a canção (sucessora da modinha), a verdade é que antes de se fixar como um gênero de música, ao lado do samba carnavalesco, o nome samba-canção apareceu designando várias músicas que caberiam dentro da designação de sambas de meio de ano, mas não eram ainda sambas-canções como a partir de 1930 se entenderia o gênero.

Como exemplo desse equívoco podemos citar o samba-maxixe "Jura", de Sinhô, que Araci Côrtes lançaria em 1929, em récita no Teatro Phoenix, como sendo um samba-canção.

Na edição da partitura desse samba "Jura" (anunciado em letras desenhadas com raro mau gosto como "o sucesso do mundo") apareciam as fotografias de Sinhô e de Araci Côrtes, ele sob o dístico *Rhapsodo Nacional*, ela sob a indicação *A Estrela do Choro Brasileiro*.

Como se vê, até pela apresentação, os sambas-canções da época ainda traíam os equívocos e o hibridismo que caracterizam a formação de um novo gênero de música popular urbana.

No caso do samba-canção, aliás, prevaleceu ainda outro fator semelhante ao que caracterizou a criação do próprio samba. O samba-canção resultou de experiências feitas por compositores semieruditos (Henrique Vogeler, Heckel Tavares, Joubert de Carvalho) ou, pelo menos, hábeis instrumentistas (Sinhô), só depois passando ao domínio dos *maestros de assobio*, isto é, aos compositores das camadas mais baixas da população, semianalfabetos e ignorantes de música.

É esse fato que explica a existência, na raiz do samba-canção, de parcerias ilustres, como as de Joubert de Carvalho e Pascoal Carlos Magno, Heckel Tavares e Luís Peixoto, e de Henrique Vogeler e Horácio de Campos.

E o fenômeno se compreende: quando a gravação elétrica, a partir de 1929, tornou o disco mais perfeito, e, portanto, mais comerciável, o interesse da conquista do mercado levou as fábricas gravadoras a contratar os serviços de bons músicos para dirigir seus setores artísticos. Esses músicos, alguns deles com diploma da Escola Nacional de Música, incluíam, na sua atividade de diretores artísticos das gravadoras, o papel ativo de orquestradores, o que marcava, afinal, a forma pela qual saía *vestida* a música entregue aos seus cuidados.

Assim, é mais do que natural que tenham sido exatamente esses primeiros profissionais semieruditos os pioneiros da tentativa de adaptação do ritmo do samba (com a modificação do seu andamento) a fim de obter uma forma *mais nobre* de composição, ou seja, um tipo de samba que permitisse maior riqueza orquestral e um toque de romantismo capaz de servir às letras de fundo nostálgico e sentimental, características da música da classe média brasileira, desde o tempo da modinha imperial.

Não se deve esquecer, também, que a produção desse tipo de música vinha atender às exigências de camadas da classe média que cada vez mais se ampliavam e se diversificavam, em consequência do adensamento da população no Rio a partir de 1930.

Os primeiros sambas-canções apareciam, pois, para atender ao gosto dos milhares de cariocas que não iam à festa da

Penha, mas aos teatros São José, Fênix, Cassino Beira-Mar e Recreio, onde brilhavam cantores como Vicente Celestino, Araci Côrtes e Francisco Alves, nas revistas de Luís Peixoto e Marques Porto.

A maior prova dessa verdade está em que a primeira canção realmente com ritmo de samba-canção a fazer sucesso absoluto (até hoje reconhecido), o "Linda Flor" ou "Ai Ioiô", reunia os nomes do maestro Henrique Vogeler (diretor-artístico da Brunswick), autor da música, dos revistógrafos Luís Peixoto e Marques Porto, autores da letra, e dos cantores de teatro Vicente Celestino e Araci Côrtes, nas duas primeiras gravações.

Como se vê, o samba-canção começava tipicamente como gênero destinado ao gosto da classe média, pois reunia a música bonita e trabalhada (a melodia foi premiada num festival na Alemanha), a letra sentimental e sofisticada ("Fui oiá pra você/ meus óinho fechô") e a interpretação de cantores operísticos, como Vicente Celestino ("Linda Flor", disco Odeon 10.538, primeira gravação em 1928, sob a indicação "samba-canção brasileiro"), ou de recursos teatrais, como Araci Côrtes ("Iaiá", disco Parlophon 12.926, também em 1928, com a indicação pura e simples de "canção").

Comercialmente, o samba-canção revelava-se um bom negócio, pois chegava na hora: com a criação dos programas de auditório nas rádios (fenômeno tipicamente carioca) e o sucesso do disco junto a um público sem maiores perspectivas de diversão (rádio e vitrola, as mulheres; *snooker* e futebol, os homens), a criação do novo gênero de música popular vinha atender ao consumo de discos no meio do ano, ou seja, durante o período que se estendia da Quaresma até o mês de setembro, quando voltava o interesse pelas músicas de carnaval.

Assim, com simples mudanças no andamento, e conservada a estrutura musical original, os compositores começaram a produzir em massa, a partir de 1930, aquela série de sambas-canções dolentes como "Último Desejo", de Noel Rosa, e o "Menos Eu", de Roberto Martins e Jorge Faraj, ou vivos e sincopados, como "Amigo Leal", de Benedito Lacerda e Aldo Cabral, e o "Eu Sinto uma Vontade de Chorar", de Dunga, que fariam o esplendor da década de 1930, chamada por Lúcio Rangel de "época de ouro" da música popular.

Aliás, o modo dolente de interpretar o que se entendia então por canção permitira aos compositores da época reduzir vários ritmos (num fenômeno semelhante ao ocorrido com o choro) a uma massa sonora caracteristicamente brasileira e carioca, a qual, conforme as nuanças rítmicas, levavam o nome de fox-canção, ("Nada Além", de Custódio Mesquita e Mário Lago), valsa-canção ("Rosa" de Pixinguinha) etc.

Para interpretar esse tipo de música surgia também providencialmente um cantor que, numa carreira fulminante, se tornaria o maior do Brasil: Orlando Silva.

Simples trocador de ônibus, o sestroso mulatinho Orlando Silva, levado ao rádio por Francisco Alves, revelaria uma capacidade de improvisação vocal que — considerando sua ignorância de música — seria julgada quase divinatória pelo cantor italiano Carlo Buti.

Inigualável não apenas cantando sambas-canções, mas todos os gêneros de músicas cultivados na época, Orlando Silva seria o primeiro cantor brasileiro a contribuir, como elemento ativo, ao lado dos compositores, para o esplendor de toda uma fase da música popular urbana, não escapando ainda hoje a um certo *frisson* quem ouve suas gravações originais da valsa "Página de Dor", de Cândido das Neves, "O Índio", de Pixinguinha, e o choro "Carinhoso", a obra-prima deste último compositor.

O samba-canção mais generalizadamente chamado de samba de meio de ano seria, pois, o fenômeno marcante da evolução da música urbana carioca nesse período que, culminando em meados da década de 1930, ainda se estenderia até princípios de 1940, quando a ditadura getuliana do DIP e a esmagadora influência da música norte-americana — no auge da propaganda provocada pela necessidade de mostrar a superioridade norte-americana na guerra — abririam um período de aviltamento do samba carioca.

Tudo isso, naturalmente, ligado a um processo de alienação das novas camadas de população surgidas no Rio de Janeiro, quando a especulação imobiliária modificou a fisionomia da cidade, alterando a estrutura social revelada nas letras dos sambas que falam em favela, malandro, cavaquinho, boêmia etc.

8.
SAMBA DE 1946: PIOR PRODUTO DA POLÍTICA DE BOA-VIZINHANÇA

A música popular do Rio de Janeiro seguia normalmente sua linha de evolução quando, em 1946, uma série de influências ligadas às transformações econômico-sociais provocadas pela Segunda Guerra Mundial vieram transformar completamente a sua fisionomia.

A necessidade de intercâmbio intenso com os Estados Unidos traduzida pela chamada *Política de Boa Vizinhança* levara as elites brasileiras a uma extraordinária identificação com os interesses e costumes norte-americanos.

Os próprios Estados Unidos, postos diante da necessidade de romper com o isolacionismo que os mantinha alheios aos seus aliados, iniciavam uma campanha de aproximação orientada que, no campo da música popular, ia explicar em parte o extraordinário sucesso de Carmen Miranda, cantando inicialmente em português com o acompanhamento dos brasileiros do Bando da Lua, graças à dedicada cobertura do Departamento de Estado (na mesma época em que Walt Disney vinha ao Brasil criar a figura do Zé Carioca).

No campo econômico, o excedente de lucro obtido com a venda de produtos agrícolas e de matérias-primas, não podendo ser reinvertido no mercado interno pela quase ausência de indústrias, seria empregado no setor imobiliário, provocando a corrida que modificaria em poucos anos a fisionomia das principais cidades brasileiras e, no Rio de Janeiro, dissolveria pela derrubada em massa das casas humildes os núcleos responsáveis pelo tipo de música popular conhecida.

Samba de 1946   59

Modificando violentamente o quadro social com a dispersão de moradores das Zonas Centro e Sul para vastas áreas da Zona Norte e dos morros, modificavam-se os valores que serviam para aferir a qualidade do tipo de música popular até então produzida; ocupando o seu lugar a massa dos moradores de apartamentos, ou seja, os representantes da nova camada da classe média criada pelas oportunidades da guerra. Seus componentes voltavam-se para fora, isto é, julgavam o tradicional ultrapassado e admiravam os costumes da camada equivalente à sua no país mais desenvolvido (Estados Unidos), admitindo apenas, no campo interno, a procura do exotismo, o que explicaria, desde logo, o efêmero sucesso do baião.

Para essa admiração, os Estados Unidos, interessados em provar as excelências do *American way of life*, forneciam amplo material através da propaganda de guerra (revista *Em Guarda*), cultural (tabloide *Pensamento da América* encartado pelo jornal *A Manhã*, e cursos de língua inglesa), de diversão (filmes de Hollywood e histórias em quadrinhos) e musical, aqui através do duplo bombardeamento do cinema e dos discos, que então invadiram o mercado brasileiro impondo o estilo *cool* dos seus cantores sussurrantes.

Imediatamente, o ideal da juventude representante das camadas médias das populações urbanas passou a ser, no campo da técnica, a profissão de aviador (nascia a FAB), no da elegância, o uso dos óculos *ray-ban*, blusões de couro e calças *blue-jeans* e, no das diversões, o cultivo do *jazz* e a realização de reuniões dançantes ao som dos *blues* que chegavam às centenas, mensalmente, como parte de um programa de reciprocidade totalmente falso e desfavorável para o Brasil.

Paralelamente, o mercado do disco, principalmente no Rio e em São Paulo, ampliava-se ao ponto de tornar a sua indústria uma das mais importantes do país (segundo o IBGE a produção nacional de discos mantinha-se acima de meio bilhão de cruzeiros já em 1955), o que provocou a inovação das pesquisas de mercado para vender *cientificamente*, de acordo com o gosto do público. Ora, como o público potencialmente comprador de discos era a classe média, foi o gosto alienado que se impôs ao gosto geral e, assim, todos os meios de divulgação — o disco, o rádio e depois a televisão — foram postos a serviço da música norte-americana e, no campo da música brasileira, da que mais parecesse com essa música dominante.

Assim, não é de admirar que a necessidade de adaptar o estilo norte-americano à música popular brasileira tenha sido obra de um cantor recém-chegado dos Estados Unidos, e que o gênero escolhido fosse o samba-canção, que já constituía um produto híbrido de ritmos nacionais.

O estudioso de música popular Ari Vasconcelos situou precisamente essa nova fase de comercialização do samba, "a partir do lançamento de 'Copacabana', de João de Barro e Alberto Ribeiro (Continental) — suplemento de julho e agosto de 1946 — com Dick Farney cantando em português com a entonação de cantor americano...".

Realmente, o cantor Farnésio Dutra, que muito sintomaticamente escolhera o pseudônimo norte-americano de Dick Farney, estivera nos Estados Unidos pouco antes, na crença quase infantil de que conseguiria fazer carreira naquele país cantando música norte-americana.

No caso desse cantor — que foi, aliás, bom pianista — o processo de alienação da mentalidade chegava a ser alarmante: sua voz era quase uma réplica da de Bing Crosby e, segundo se divulgou, ele chegou a disputar nos Estados Unidos um concurso de imitação daquele seu êmulo, então no auge da carreira. De volta ao Brasil, Farnésio Dutra, feito Dick Farney, resolveu tentar a sorte fazendo a coisa que mais parecesse com Bing Crosby cantando um *fox-blue*, e passou a cantar sambas-canções imitando Bing em português, no estilo sussurrante dos *blues*.

Samba de 1946

O sucesso junto ao público igualmente alienado foi imediato.

Compositores como os já citados João de Barro e Alberto Ribeiro, e mais Alcir Pires Vermelho, Benny Wolkoff, Luís Bittencourt, José Maria de Abreu, Jair Amorim, Oscar Belandi, Marino Pinto e Mário Rossi começaram a produzir sambas à base de orquestrações americanizadas, em que Dick Farney — e logo seu imitador Lúcio Alves — entrava com seu sussurro sobre os acordes jazzísticos do piano.

Até Dorival Caymmi, o estilizador dos motivos folclóricos baianos, daria parceria ao milionário Carlos Guinle em nome de uma amizade que incluía alegres passeios de lancha pela Baía da Guanabara, em companhia de mulheres bonitas, com a cobertura de fotógrafos de jornais e revistas.

Aliás, o samba "Sábado em Copacabana", exatamente da dupla Carlos Guinle-Dorival Caymmi — e que figuraria ao lado de "Copacabana", de João de Barro e Alberto Ribeiro, como um dos mais representativos dessa fase coca-cola da música popular brasileira —, estava destinado a constituir um verdadeiro documento, do ponto de vista da compreensão sociológica do problema.

Em primeiro lugar pela escolha de Copacabana para tema (o bairro formado, precisamente, pela mais nova camada da classe média arrivista), e, em segundo lugar, pela exaltação de um ideal de vida cujo contraste com o evidenciado nos sambas-canções da época anterior é de saltar aos olhos:

> Depois de trabalhar toda a semana,
> Meu sábado não vou desperdiçar,
> Já fiz o meu programa pra essa noite
> E já sei onde vou começar.
>
> Um bom lugar para encontrar
> Copacabana

Pra passear à beira-mar
Copacabana
Depois um bar, à meia-luz,
Copacabana
Eu esperei por essa noite
Uma semana.

Um bom jantar
Depois dançar
Copacabana
Um só lugar
Pra se amar
Copacabana
A noite passa tão depressa,
Mas eu vou voltar lá pra semana
Se encontrar um novo amor
Copacabana.

São dessa fase os sambas "Barqueiro do São Francisco" (Alberto Ribeiro e Alcir Pires Vermelho), na voz de Dick Farney, "Aquelas Palavras" (Benny Wolkoff e Luís Bittencourt), com Lúcio Alves, "Ser ou Não Ser" (José Maria de Abreu e Alberto Ribeiro) e "Um Cantinho e Você" (José Maria de Abreu e Jair Amorim), "Ponto Final", da dupla anterior, "Olhos Tentadores" (Oscar Belandi e Chico Silva), todos cantados por Dick Farney, "Reverso" (Marino Pinto e Gilberto Milfont) e "Se o Tempo Entendesse" (Marino Pinto e Mário Rossi) e "O Direito de Amar", de Lúcio Alves, que o gravou tal como os dois anteriores.

Tais composições, que em alguns pontos não se poderiam distinguir da música norte-americana, eram arranjadas pela nova geração de orquestradores, todos eles — como Radamés Gnattali — profundamente influenciados pela "música americana tipo Gershwin" (a observação quanto a Radamés é de Francisco Mignone, em artigo publicado no tabloide *Pensamento da América* em 1949).

Esses arranjadores — muito diferentes daqueles que haviam criado o samba-canção vinte anos antes — haviam-se formado no período mais intenso da propaganda de guerra norte-americana, que incluía a investida no setor cultural, através da interpretação política da polifonia do *jazz* como mais uma demonstração da liberdade ensejada pela democracia, o que exemplificavam com a exibição de virtuosismo que a sua música permitia, individualmente, aos componentes do conjunto.

Esse fato característico do *hot jazz*, submetido à admiração basbaque dos orquestradores semieruditos do rádio brasileiro, foi apreendido fora das suas razões históricas (a polifonia do *jazz* nasceu do encontro dos escravos africanos com os corais protestantes, ao contrário do caso brasileiro, em que os negros se fizeram solistas e cantores em uníssono, por influência do cantochão da Igreja Católica), e essa confusão originou a verdadeira palhaçada das orquestrações do chamado *maestro* Severino Araújo, especialista no aproveitamento de música clássica para orquestrações em ritmo de samba com harmonização de *jazz*.

A alienação dos orquestradores chegou a tal ponto que, segundo contou em entrevista ao semanário *Para Todos*, em 1957, a cantora Araci Côrtes, foi-lhe quase impossível cantar no Teatro Municipal o samba-canção "Ai Ioiô", "tal era a confusão de sons da *riqueza da orquestração*" (grifo do autor).

O que se verificava, na realidade, era do ponto de vista da concepção artística a imposição do conceito musical alienado do orquestrador sobre a criação popular original, o que o poeta Hermínio Belo de Carvalho definiu à maravilha em entrevista a João Paulo dos Santos Gomes, ao fazer notar que "a orquestração é a valorização de uma estética individual, a do orquestrador".

Por esses desencontrados caminhos — primeiro jazzificado, depois abolerado — prosseguiria o samba-canção, durante mais de dez anos, até que, a partir de 1957, a denominada bossa nova viria pôr fim à confusão, através da eliminação dos últimos toques de originalidade do samba tradicional, o que conseguiria através do nivelamento da melodia, da harmonia, do ritmo e do contraponto, numa espécie de pasta musical.

Tal "solução" pode ser interpretada como uma nova etapa do processo de alienação a que é submetida modernamente a classe média dos países subdesenvolvidos.

E a maior prova dessa verdade vem sendo fornecida a cada carnaval, quando o povo consagra um tipo de música que põe em relevo essa diferença cada vez mais profunda entre o sentido tradicional do ritmo e a pretensão gratuita de chegar à universalidade, pela transplantação pura e simples de processos musicais válidos apenas para os países que conseguiram impô-los ao mundo pela força da sua economia.

Samba de 1946

9.
"EVOLUÇÃO" DO SAMBA É ASCENSÃO SOCIAL

O problema da evolução da música popular está diretamente ligado a um processo geral de ascensão social, que faz com que a música das camadas mais baixas seja estilizada pela semicultura das camadas médias, nas músicas de dança orquestradas, para acabar sendo "elevada" à categoria de música erudita pelas minorias intelectualizadas.

É isso que explica que o *jazz*, por exemplo, tenha nascido entre os negros de Nova Orleans, criadores de *blues* e *spirituals* ainda improvisados, para depois passar, sucessivamente, a comercialização dos *jazz-bands* de Chicago e Nova York, e, finalmente, acabar na pretensão encasacada dos crioulos do Modern Jazz Quartet, que andam pelo mundo (e ainda há tempos estiveram no Municipal) divulgando à custa do Departamento de Estado a nova cultura universal norte-americana.

No caso do samba, o jornalzinho cultural *Arrastão* veio revelar com uma notícia sob o título "Clássico e popular novamente juntos", publicada em seu número de outubro de 1965, que já nessa data a moderna juventude universitária carioca atingira a terceira fase no processo delirante de reafirmação pessoal, que consiste em procurar uma linguagem universal para o que nasceu regional e se tornou nacional. Segundo a notícia, "a reunião de música de bossa nova com erudita foi feita pela primeira vez numa temporada de quatro meses na boate Zum-Zum". Nesse espetáculo, depois renovado no *show Reencontro*, no Teatro Santa Rosa, o Quinteto Villa-Lobos tocava trechos de Bach, Haydn, Hindemith e

Problemas

Jacques Ibert, enquanto o Trio Tamba, Edu Lobo e Silvinha Telles se encarregavam da parte de bossa nova, numa mistura que terminava com a música "Arrastão" fazendo apoteose.

No fundo — e é bom lembrar que os norte-americanos componentes do Modern Jazz Quartet são negros — o problema se prende, fundamentalmente, a um complexo de inferioridade, que deve ser vencido pela demonstração de que "os modernos músicos têm categoria", "têm cultura", "tocam o popular, mas também estudam o clássico" etc.

Num país subdesenvolvido, como o Brasil, essa fase de febre de ascensão social dos filhos das camadas médias chega a ser dramática, pelo que o esforço envolve de boas intenções, mas não deixa de ser cômico, pelo que revela de inútil e de alienado, quando observado de um ponto de vista sociológico dialético.

Assim é que, bem examinado, um *fox-trot* composto por Lamartine Babo, na década de 1930, é mais brasileiro que um samba bossa nova atual de Antônio Carlos Jobim, porque no tempo de Lamartine Babo a admiração pela música do "irmão mais desenvolvido" ainda não tinha atingido o refinamento da verdadeira lavagem cerebral, que consistiu em pensar musicalmente em termos jazzísticos, quando, sob o nome de bossa nova, se conseguiu a esquematização rítmica capaz de ser universalmente assimilada.

A afirmação poderia parecer gratuita. Mas não é.

Ainda em 1965, depondo na série de flagrantes "Panorama da bossa nova", em boa hora publicada no *Jornal do Brasil* por Mauro Ivã e Juvenal Portela, o baterista Rubinho, do Zimbo Trio, classificou como um dos pontos mais importantes "da música popular brasileira moderna a simplificação rítmica, verificada com o aparecimento da bossa nova". Com a maior simplicidade, o baterista Rubinho conta então um pequeno fato que ilustra, excelentemente, o que classificamos de lavagem cerebral:

"Evolução" do samba é ascensão social 67

"Eu tive um exemplo bem vivo do que aconteceu à parte rítmica quando apareceu em São Paulo um baterista que tocava com o Carmen Cavallaro. Era um baterista americano e eu estava louco para que ele ouvisse música brasileira. Levei-o a um bar onde poderia ouvir um dos bons bateristas do Brasil, naquela época, o Nei, que hoje vive em Paris. Era um nortista, que batia o samba como poucos. O americano sentou, ouviu tudo aquilo e ficou completamente confuso. Absolutamente, não conseguiu apreender nada do ritmo que ouvira, e o considerou desordenado, impossível de entender.

Agora já existe uma mescla de samba antigo com a bossa nova, o que voltou a dar maior liberdade ao baterista. Essa mescla não chegou a complicar, *principalmente porque acho que o problema era sair do Brasil e nós precisávamos que os outros povos compreendessem a nossa música.*" (grifo do autor)

Aí está. Passando por cima da realidade representada pelo fato de que a bossa nova abastardou o ritmo tradicional brasileiro, de grande "vida interior", trocando-o pela importação de células rítmicas cerebrinas ou estereotipadas, o baterista vinha revelar em seu depoimento a verdadeira frustração do artista da classe média: não basta subir na escala social pela assimilação da cultura musical erudita — é preciso que os outros compreendam a "nossa música", isto é, que nos desnacionalizemos pela assimilação dos símbolos tradicionais dos outros.

É esse problema pessoal de frustração da classe média, ligado ao processo geral do domínio dos mercados mais fracos pela indústria dos países mais desenvolvidos, que permite o refinamento da alienação a um ponto tal, que as contradições — todas somadas — acabam dando na monstruosidade do empresário Aloísio de Oliveira, então dono da etiqueta de discos Elenco, ao distribuir à imprensa em 1965 o seguinte convite para o lançamento de sua última produção industrial-comercial:

"Aloísio de Oliveira tem o prazer de convidar o Sr. .... para o coquetel de lançamento do *long-play The Music of Mr. Jobim by Sylvia Telles*..."

A incompreensão total de que a conquista da universalidade, em cultura, tal como a dos mercados estrangeiros, em comércio, só se verifica com a transformação do país numa potência, gerou o monstro. Um monstro que se alimenta da própria alienação.[1]

---

[1] A tese exposta neste capítulo, originalmente publicado sob a forma de um artigo em fins de 1965, foi posteriormente desenvolvida num amplo estudo sobre as várias tentativas de colocação da música brasileira no mercado internacional, e publicado no livro intitulado *O samba agora vai...: a farsa da música popular no exterior*, Rio de Janeiro, JCM Editores, 1969. [Nota da 2ª edição]

"Evolução" do samba é ascensão social

10.
BOSSA NOVA (*NEW BRAZILIAN JAZZ*)

Sempre muito atacado pela insistência com que interpretava o fenômeno da bossa nova como um capítulo da influência da música norte-americana no Brasil, o autor teve esse seu argumento central confirmado, já agora pelos próprios criadores e adeptos do movimento, com a publicação do livro *Música popular brasileira cantada e contada por...*, de José Eduardo Homem de Mello, em 1976. Beneficiado por esses novos dados, o autor pôde então chegar à síntese de tudo que antes afirmara, através de pequeno ensaio publicado em fins de 1991 sob o título "Os '*samba sessions*' e o estilo bossa nova", na plaqueta *Os sons do Brasil: trajetória da música instrumental*, que aqui se reproduz.

O fim da era das grandes orquestras, após o fechamento dos cassinos no Brasil, em 1946, e a rápida decadência dos programas de música ao vivo das rádios, ante o aparecimento da televisão em 1950, repercutiu na área da música instrumental através de uma tendência elitizante que ia explicar, já em 1958, o aparecimento da chamada *bossa nova*. Foi a onda dos pequenos conjuntos à base de piano, baixo e bateria, especialistas em tocar música americana para o novo público das casas noturnas das áreas elegantes cariocas, denominadas *boites*.

Reprodução com mais de dez anos de atraso do que acontecera nos Estados Unidos, quando músicos como Dizzy Gillespie, Kenny Clarke e Thelonious Monk criaram em suas *jam sessions* no cabaré Minton's, do Harlem, em Nova York, as variações complicadas chamadas *bebop* (para desestimular os músicos medíocres que pediam canja), a experiência brasileira repetiu também a experiência americana até nas suas consequências.

Assim como nos Estados Unidos o *bebop*, ao levar à formação dos *combos* (grupo instrumental sem formação certa, que acabaria fixando a base piano, baixo e bateria, complementada por saxofone ou piston), acabou por estimular nos músicos mais ambiciosos a pesquisa de novos timbres (no estilo Stan Kenton), no Brasil, a imitação dessa busca do som "puro" do *cool jazz* ia conduzir à bossa nova.

De fato, como o processo de concentração urbana contemporânea da Segunda Guerra Mundial havia provocado no Rio de Janeiro verdadeira explosão imobiliária em Copacabana, transformando aquela área da Zona Sul carioca no bairro das novas camadas média e alta (componentes do logo apelidado "*café society*"), a diversão a ser oferecida a tal tipo de gente, na falta de modelo prévio local, só podia ser a do equivalente da mesma classe nos países mais desenvolvidos da Europa e dos Estados Unidos. E o que de mais parecido se encontrou, nesse particular, foi o tipo de casas noturnas passíveis de serem montadas nos ambientes apertados dos térreos e subsolos de edifícios, e que, sob o nome parisiense de *boites*, ofereciam a seus clientes o romantismo do repertório internacional dos pianos e a música americana dos pequenos conjuntos para "ouvir e dançar".

Foi para atender a essa exigência da moderna vida urbana da então capital do país, que se formou em pouco tempo uma geração de músicos jovens, a maioria moradora do próprio bairro (e eventualmente saídos alguns até das "melhores famílias").

Ora, como por sua condição de classe ou desejo de ascensão social (no caso dos originados da classe média baixa ou vindos da Zona Norte para o meio da chamada "gente bem") todos tinham em comum o ideal de modernidade e bom gosto da "melhor música americana" — que continuava a ser o *jazz* —, era a adesão a essa linguagem sonora que ia caracterizar a sua música.

Para não deixar dúvidas quanto a essa vinculação dos músicos jovens componentes dos pequenos conjuntos de Copacabana na década de 1950 com seu modelo norte-americano, suas exibições eram chamadas de "*samba sessions*", e a parte que tocava ao *jazz* — e logo explicaria o surgimento de bossa nova — não seria negada mais tarde pelos próprios envolvidos nesse processo de aculturação desejada.

De fato, em depoimentos especialmente prestados ao jornalista e radialista José Eduardo Homem de Mello para seu livro *Música popular brasileira cantada e contada por Tom, Chico Buarque, Johnny Alf, Carlos Lyra, Milton Nascimento, Eumir, Menescal, Vinicius, Edu, Dori, Band, Elis, Caetano, Gil*, de 1976, muitas das declarações de músicos e compositores envolvidos na preparação e depois no movimento que viria a dar na música de bossa nova se mostravam reveladores. Alguns exemplos:

"Nós fazíamos muito negócio de *jam session*, até que surgiu a ideia de uma *jam session* samba" (*Roberto Menescal*, p. 95); "A nossa formação musical era baseada na música americana" (*Eumir Deodato*, p. 100); "No Plaza (a *boite* do Hotel Plaza) eu tocava músicas americanas, minhas músicas e dos brasileiros que tivessem esse estilo: 'Nem Eu', 'Uma Loura'. Nesse tempo todo mundo estava naquela de George Shearing, acho que todos sabiam de cor a gravação de 'Conception'. Havia também um pouco de Charlie Parker, Billy Bauer e Stan Kenton, que era o ídolo dos ídolos" (*Johnny Alf*, p. 95); "Shorty Rogers, para mim, é o inventor da BN porque tocava do jeito que João e Tom tocavam — harmônica e melodicamente —, e João tem influência dele muito grande, até hoje. Eu sei que ele adorava e ouvia muito Shorty Rogers" (*Dori Caymmi*, p. 193); "Acho que a formação de todo mundo da BN é de *jazz*. Menescal e Lira, todos tiveram grande contato com o *jazz*" (*Ronaldo Bôscoli*, p. 191); "Fundamentalmente na arquitetura da música, na parte da composição mesmo, nas novidades dos acordes, realmente no começo (fomos) influenciados pelo *jazz*" (*Edu Lobo*, p. 140).

A estrutura da forma de tocar — especialmente o samba — através da interpolação de improvisações do *cool jazz* depois denominada de bossa nova, pôde fixar-se após a criação ao violão, por João Gilberto, de uma "batida diferente" (como era chamada na época).

Esse novo esquema rítmico, próprio para solo e acompanhamento, era construído por uma batida baseada na desacentuação das tônicas da melodia e acompanhamento, dentro do tempo, levando à impressão auditiva da simultaneidade de dois ritmos, logo apelidada por isso de "violão gago" e, mais gozativamente (dizem que pelo cantor Moreira da Silva), de "ritmo de goteira".

A verdade foi que, comprovada a possibilidade de a nova batida — ao contrário do que acontecia com o ritmo básico do 2/4 quadrado do samba tradicional — permitir a superposição de soluções harmônicas típicas do *jazz* com bom resultado sonoro, a expressão "samba moderno" (até 1959 usada para designar a nova tendência musical) pôde, segundo Ruy Castro em seu livro *Chega de saudade*, de 1990, ser afinal e definitivamente substituída por *bossa nova*. Expressão, aliás — segundo ainda o mesmo autor —, "imposta com grande senso de *marketing* por Ronaldo Bôscoli em *Manchete*" (a revista *Manchete*, para a qual trabalhava).

E, assim, quando em 1962, os próprios norte-americanos resolveram abrir as portas de sua mais famosa casa de música, o Carnegie Hall, para ouvir pela primeira vez, ao vivo, o que afinal constituía um eco do seu próprio *jazz* "di-

Bossa nova (*New Brazilian Jazz*)

rect from Brazil", o programa distribuído ao público podia abrir com os dizeres do convite reproduzido abaixo, difíceis de serem contestados:

CARNEGIE HALL   **1962-63 SEASON**

Wednesday Evening, November 21, 1962 at 8:30 O'clock

AUDIO FIDELITY RECORDS, Sidney Frey, President

and

SHOW MAGAZINE, Robert Wool, Editor-In Chief

present

Bossa Nova

(NEW BRAZILIAN JAZZ)

PHIL SCHAPIRO, Producer

LEONARD FEATHER, Host-Narrator

PROGRAM
Musical selections to be announced

DIRECT FROM BRAZIL
(Via Varig Airlines)

11.
O MITO FLOR/AMOR
E UMA EXPLICAÇÃO SOCIOLÓGICA

O binômio lírico flor/amor, representado em tantas composições de bossa nova — cujos cultivadores afirmam terem reformulado a "temática" da música popular brasileira — constitui na verdade a mais antiga e mais constante marca da influência do romantismo sobre a alienação sentimental das camadas médias das cidades.

Em 1896, antes mesmo de o editor Quaresma inundar o mercado popular com o seu *Dicionário das flores* ou com o romance de *Elzira, a morta virgem*, já na Rua Uruguaiana a Livraria J. G. Azevedo editava e vendia a *Lira do trovador*, a "coleção de modinhas, recitativos, lundus, canções etc.", onde os poemas de Laurindo Rabelo podiam ser lidos com a indicação: "poesia do falecido Dr. Laurindo".

A falta de perspectiva para as camadas médias das populações urbanas, amarradas a um processo de desenvolvimento capitalista sem plano, e dependente das oscilações da riqueza agrária, valorizava a ideia da morte sem revolta, como se a única solução para as frustrações pessoais fosse a transformação do fim sem glória numa espécie de glória, por isso mesmo: "Quando eu morrer, não chorem a minha morte/ Entreguem o meu corpo à sepultura/ Pobre, sem pompa: seja-lhe a mortalha/ Os andrajos que me deu a desventura" — dizia por exemplo o falecido Dr. Laurindo, no seu poema "O canto do cisne".

Como os preconceitos sociais faziam as mulheres viverem na sombra e o próprio subdesenvolvimento levava as famílias a apertarem o cinto, as moças eram, pelo geral, muito pálidas e fanadas, e como muitas morriam cedo — quase sempre vítimas da tísica — a melhor imagem, para a representação das coisas julgadas esplêndidas, mas ao mesmo tempo tão efêmeras como a vida e a beleza, só podiam mesmo ser as flores.

E era assim que, no fim do século XIX, o equivalente das moças que depois vibrariam com o "Das Rosas", de Caymmi, podiam cantar no tédio da sua vida sem perspectiva algumas confissões subconscientes da frustração social, como aquela da modinha "Nas Horas Longas", em que o autor anônimo reclamava: "Perdida a infância e com ela a crença/ Na luta imensa dum sofrer de horror;/ E pouco a pouco vou perdendo a vida/ Triste abatida qual a murcha flor".

Enquanto as camadas populares, ricas de vitalidade, com sua mistura de pretos, brancos, mestiços e imigrantes, atiravam-se às umbigadas nos sambas, gozando a própria sorte em lundus cheios de uma ironia altamente filosófica ("O meu nome na *Gazeta de Notícias*/ Ainda hoje eu vi bem declarado:/ Ontem à noite foi preso um vagabundo/ Por estar na esquina recostado"), as senhoras da época — ainda sem o derivativo das organizações tipo CAMDE[1] — bebiam as próprias lágrimas nas modinhas em que, como uma obsessão, a realidade era substituída pelo sonho. E nos sonhos lá vinha à mente do poeta a projeção das irrealizações ligadas à imagem da curta vida das flores: "Capelas e flores/ Prado e jura,/ Foi sonho enganoso/ Foi tudo amargura!" — como cantava a modinha intitulada "Sonhei Que Mil Flores".

A única diferença dessa mentalidade, quase um século passado desses exemplos de alienação romântica, é que a moderna politização da classe média, aliada à emancipação da

---

[1] Campanha da Mulher pela Democracia, fundada em 1962 por senhoras católicas no Rio de Janeiro, e cuja sede funcionava na burguesia carioca de Ipanema.

mulher — principalmente da juventude universitária —, criou ao lado do romantismo meramente ideal do binômio flor--amor o romantismo reivindicatório das famosas letras de "conteúdo social". É isso que explica, por exemplo, a coexistência — à primeira vista paradoxal — das amadas românticas das letras de Vinicius de Moraes, ao lado do bicho feio do "Carcará", de João do Vale, que muito menino cabeludo cantava junto com a Nara Leão, no Teatro de Arena, mas cheio de secretas intenções: "... pega, mata e come".

Na verdade, o romantismo continua o mesmo, e se as famílias não consomem mais a "Morgadinha de Val-Flor", de Pinheiro Chagas, vertem as mesmas torrentes de lágrimas diante das novelas de televisão, onde o velho jogo das frustrações continua a perpetuar-se na dúvida dos capítulos: respeitará o moço rico a moça pobre? Conseguirá o moço pobre vencer o seu orgulho ante as imposições da família da moça rica? Receberá o pai a herança do parente desconhecido a tempo de salvar a família do opróbrio?

Tudo bem examinado, isso quer dizer que as imagens continuam as mesmas porque a estrutura econômico-social continua a mesma. As diferenças são apenas formais, e não conseguem esconder esta verdade fundamental: a classe média brasileira continua a tentar acalmar as suas frustrações com a água de flores do romantismo, enquanto as camadas populares cantam vigorosamente o único valor que lhes é dado conquistar, e cuja perda é a única que deve chorar, pelo que representa da frustração sensorial: a mulher. A mulher de quem é arriscado até falar mal em público porque como diz Nelson Cavaquinho em seu samba "Cheiro de Vela": "Eu vou sair daqui/ Teu caso cheira a vela/ Quem está te olhando/ É o marido dela".

Aí, se houver flor, vem depois — na hora do enterro — sem nada de romantismo.

O mito flor/amor e uma explicação sociológica

12.
UM EQUÍVOCO DE *OPINIÃO*

O sucesso do *show Opinião*, encenado no Rio de Janeiro em 1964 à base da interpretação de músicas por um nordestino (João do Vale), um compositor de extração popular (Zé Kéti) e uma moça carioca da classe média (Nara Leão), veio revelar, juntamente com o interesse despertado pelo restaurante Zicartola e pela gafieira Estudantina, na mesma época, um curioso momento sociológico: o da apropriação da cultura popular pela classe média sem cultura própria.

Historicamente, essa apropriação nasce no início do século XX com as modernas camadas urbanas surgidas da multiplicação dos serviços públicos e das atividades técnicas, liberais e burocráticas, direta ou indiretamente ligadas ao advento da indústria do Rio de Janeiro.

Essas camadas de uma classe média necessariamente heterogênea (comerciantes, pequenos proprietários urbanos, donos de terras emigrados, funcionários públicos, militares, doutores e burocratas em geral) seriam as responsáveis pela instabilidade da política da primeira República, pela Revolução de 1930 e, após a Ditadura Vargas, pela variedade das legendas de partidos, cuja inconsistência foi posta a nu pela concentração do poder, decorrente da concentração capitalista.

Até a década de 1940, essa apropriação da cultura popular foi representada na música erudita pelos sons barulhentos de um antigo seresteiro de rua chamado Villa-Lobos, na literatura pelo aproveitamento da tragédia pessoal dos nordestinos como tema de romances regionalistas e, na música popular, pela criação da marcha de carnaval e do "samba de rádio" — orquestrado e monopolizado por cantores de nome e compositores profissionais.

Fenômeno semelhante havia ocorrido nos Estados Unidos, onde a euforia econômica que ia terminar na grande crise de 1929 provocou — pela ânsia de diversão nas cidades — a valorização comercial da música dos negros do Sul, barulhenta e "curiosa".

Em Nova York tornou-se "bem" o interesse pelo Harlem. A desmobilização, após a guerra de 1914-18, enchera Nova York de negros. A zona ao norte do Central Park crescia dia a dia, e logo se impunha por seu colorido para tema de revistas como *Lulu Belle*, encenada no Belasco Theatre, em 1925, e romances como *Nigger Heaven*, de Carl Van Vechten. Um repórter da revista *Variety* pôde descobrir, então, em um porão do Black Belt, "numerosos brancos da cidade, todos sem trajo de noite", gozando o sabor esquisito do ambiente negro do cabaré Small Paradise, animado pela música *hot* da Johnson's Band, do crioulo Charley Johnson's.

No Brasil, a tomada de consciência dos valores nacionais, primeiro com a Exposição de 1908, comemorativa do centenário da abertura dos portos, depois com a Exposição de 1922, no centenário da Independência, levou a classe média urbana a descobrir o pitoresco da canção nordestina, ainda impregnada do folclore que traduzia a perpetuação de quatro séculos de dominação econômica do latifúndio.

Então, como por um passe de mágica, o poeta Catulo da Paixão Cearense (que nascera no Maranhão, passara a primeira juventude no Ceará e já era tão carioca quanto qualquer outro chorão do início do século) começou a escrever letras sertanejas para canções calcadas em melodias de um João do Vale da época — no caso um João, mesmo —, o violonista João Pernambuco.

A classe média carioca, de formação ainda tão recente que não conseguira estilizar o ritmo dos negros (o que só acon-

Um equívoco de *Opinião*

teceria uma década mais tarde, com o aparecimento do samba), encantou-se com as emboladas, que se transformaram na grande moda musical.

Tal como aconteceu em 1964 com o *show Opinião* — e embora em outro plano de intenções —, a onda de regionalismo, de "popular brasileiro", refletiu-se também no teatro, que nessa quadra se resumia ao teatro de revistas da Praça Tiradentes.

Desde a peça *Zizinha Maxixe*, de Machado Careca, estreada no Teatro Eden Lavradio, em 1897, uma compositora da camada média, Chiquinha Gonzaga, já havia tentado a estilização de um ritmo popular com o corta-jaca denominado *Gaúcho*.

A despeito do sucesso da música, no entanto, a velha classe média vinda do Império ainda não tinha chegado ao estágio da "consciência nacional" capaz de interessá-la na descoberta. A época era ainda apenas a da exportação de produtos agrícolas e da importação de artigos manufaturados. Assim, era o cultivo de valsas, polcas e *schottisches* — importados da Europa juntamente com os próprios pianos — que indicava refinamento e bom gosto.

Por essa razão, o corta-jaca de Chiquinha Gonzaga ficou isolado na história da música popular, renovando-se, entretanto, o sucesso, de quando em vez: em 1901, com Mário Lino, no Eldorado, da Lapa; em 1904, na revista luso-brasileira *Cá e Lá*; e em 1914 na revista *Corta-Jaca*, de Zèantone — aproveitando, já agora, a voga do "folclórico".

Seria, pois, a partir de 1915, com a burleta de Gastão Tojeiro *A Caboca de Caxangá*, estreada no Teatro São José em 20 de outubro de 1915, que o teatro começaria efetivamente a fornecer espetáculos à base de música nacional, para consumo da nova classe média ansiosa de autoconfirmação. Como não podia deixar de ser, a impressão foi de contraste.

A apropriação da cultura popular, sob a forma caricata

da imitação da linguagem falada pela "gente rústica do sertão", e o aproveitamento puro e simples das suas músicas, tornou-se ostensiva, a despeito do sucesso de peças como *Morena*, de Viriato Correia, em 1918, e *Flor Sertaneja*, de J. Miranda, em 1919.

Essa espécie de novo romantismo, estimulado pela novidade do estudo do folclore, invadia a literatura com os caboclos do paulista Valdomiro Silveira, e do plano literário passava ao comercial, através da história de almanaque do Jeca Tatu, criado por Monteiro Lobato para o seu amigo fabricante do Biotônico Fontoura.

Ao iniciar-se a década de 1920, o desejo da classe média de encontrar um estilo "nacional" onde se pudesse enquadrar era tão grande, que o representante mais típico dessa tendência no Rio de Janeiro, o letrista e cantor de modinhas Catulo, tornou-se o convidado oficial de todos os salões elegantes. Tal como nos meados de 1960 passou a acontecer com Zé Kéti, devendo-se substituir apenas a expressão salões por boates elegantes.

A diferença entre o ontem e o hoje residia apenas no fato de que, na década de 1920, como a classe média ainda possuía a ilusão de participação política nos governos através do voto, os próprios presidentes da República prestigiavam essas manifestações de democratização da cultura, que lhes parecia o maior passo na conquista de um "caráter nacional".

E eis como se explica que Catulo, artista da classe média, supostamente "o troveiro dos humildes", como o chamaria um biógrafo, pôde ser recebido para cantar em palácio por quatro presidentes da República: Nilo Peçanha (1909-1910), Hermes da Fonseca (1910-1914), Epitácio Pessoa (1919-1922) e Artur Bernardes (1922-1926).

Basta atentar para as datas, e se verá claramente demarcado no interesse dos governos por Catulo os dois momentos de valorização nacional dos produtos regionais: o momento

Um equívoco de *Opinião*

subsequente à Exposição da Praia Vermelha, de 1908, e o que coincide com a Exposição da Esplanada do Castelo, em 1922.

Acontece que, com o advento dos anos da Ditadura Vargas, a criação de Volta Redonda, o aparecimento de um novo surto industrial e as "oportunidades" geradas pela presença de capitais do chamado "esforço de guerra", deslocaram o interesse dos governos diretamente para as novas camadas de trabalhadores urbanos, que passaram a representar o novo elemento decisivo na composição de forças político-econômicas. Foi criada uma Legislação Trabalhista para resolver as pendências surgidas nas relações até então inéditas entre patrões e empregados das áreas industriais. Essa legislação, entretanto, deixava no ar as relações das camadas médias, desde logo prejudicadas pelo centralismo dos serviços públicos do Estado que enquadrava antigas e honrosas profissões liberais, como a dos médicos, advogados, dentistas, engenheiros etc., no quadro geral dos assalariados.

Desse momento em diante, todo o esforço das camadas mais elevadas da classe média desenvolveu-se no sentido do protesto e da oposição ao governo. Com a conhecida frase do Presidente Vargas em seus discursos — "Trabalhadores do Brasil!" —, marcava-se oficialmente a distinção de classes que punha fim à ilusão do denominador de cultura representado pelas tentativas de incorporação dos motivos populares. Politicamente o resultado dessa evolução foi a queda do Presidente Getúlio Vargas, a instituição da Constituição conciliadora de interesses contrários de 1946 e a multiplicidade dos partidos, à volta dos quais gravitariam as massas trabalhadoras urbanas, no fundo manobradas através dos sindicatos pelo herdeiro do paternalismo getuliano, o Sr. João Goulart.

Culturalmente, a nova fase deixou as classes populares na mesma, isto é, com os mesmos índices de analfabetismo e fiéis à mesma linha de evolução "folclórica", enquanto a classe média — dividida por força de sua heterogeneidade — descambava para tendências as mais opostas.

Na verdade, finda a Segunda Guerra, as camadas urbanas do Rio de Janeiro começavam a diversificar-se tão intensamente que todas as ideias e gostos se tornaram permitidos, menos — naturalmente — as ideias comunistas, que simbolizavam o perigo de aglutinação das forças da camada de baixo.

Assim, enquanto a corrente dos literatos e intelectuais, divididos em acadêmicos e modernos, via nascer a geração dos herméticos, indiferentes à realidade circunstante, os grupos não letrados da classe média caíam simplesmente na alienação total, voltando-se de corpo e alma para a admiração do que representava o equivalente da sua classe nos países mais desenvolvidos.

Eis como, pelo fim da década de 1940 e início da de 1950, a classe média do Rio de Janeiro passou a uma forma de universalismo que podia ser traduzida na mania dos óculos *ray-ban* e das calças *blue-jeans*, no interesse pelo aprendizado da língua inglesa e na adesão a formas de músicas e danças internacionais: o *fox-blue*, o bolero, o *swing*, o *bebop*, o *rock*, o cha-cha-chá, o calipso etc.

A corrida imobiliária criava o fenômeno do aproveitamento vertical do espaço urbano em Copacabana. Com o adensamento da população localizada na área além dos túneis Velho e Novo, deslocavam-se os centros de diversão noturna da cidade para a Zona Sul. A proximidade da praia e o contato direto com os turistas estrangeiros de Copacabana revolucionavam os princípios da moral e, consequentemente, o estilo do vestuário. A relativa unidade econômica das famílias, determinada pelo preço médio de venda e do aluguel dos apartamentos, somada às condições singulares de convivência nos edifícios, fez surgir dentro da classe média no Rio de Janeiro um reduto de população todo particular.

Um equívoco de *Opinião*

De uma maneira geral, a geografia urbana dessas camadas médias da cidade pôde ser dividida, então, entre Zona Norte e Zona Sul: a primeira congregando uma maioria de famílias "antigas" e "tradicionais" até o Grajaú, e mais modestas na faixa suburbana; a segunda congregando, ao lado da massa heterogênea dos moradores do Flamengo, Botafogo e Posto 2, a maioria de famílias "novas" da alta classe média dos Postos 4, 5 e 6, Ipanema, Leblon e Gávea. O grosso das famílias do que se poderia chamar a elite da classe média "nova" ia localizar-se, pois, na parte mais valorizada de Copacabana, ou seja, do Posto 4 a Ipanema e Leblon.

Dessa primeira onda de moradores de apartamentos construídos durante o *rush* imobiliário iniciado ainda antes do fim da guerra, ia surgir toda a geração de jovens agora entre 18 e 22 anos. Nascida e criada no mais novo e mais cosmopolita bairro do Rio, essa geração formava-se praticamente estranha ao espírito tradicional da cidade, cujo segredo ficara com os depositários dos costumes das antigas classes populares, progressivamente empurrados do Centro para o Norte, via Vila Isabel, Catumbi e Rio Comprido, de um lado, e pelos trilhos da Central e da Leopoldina, do outro.

É de compreender, pois, que ao atingir a primeira juventude, no fim da década de 1950, essa camada uniforme de jovens da alta classe média se encontrasse aberta a todas as influências e, de certa maneira, sujeita mesmo ao atordoamento.

Os resultados não se fizeram esperar. À disponibilidade intelectual, pela ausência da tradição, seguiu-se a sujeição aos padrões de cultura estrangeira, principalmente norte-americana, importada maciçamente através do rádio, do cinema, dos discos e da literatura (história em quadrinhos e *pocket books*). Ao atordoamento pela falta de objetivos em que fixar-se (a estrutura subdesenvolvida e escassa de oportunidades), seguiu-se a canalização das energias para as paixões violentas, os vícios ou a simples vagabundagem representada no que se convencionou chamar de "juventude transviada".

No entanto, como ainda assim foi entre essa camada e nessa geração que se recrutou o maior número dos elementos que chegavam aos cursos superiores, é evidente que dessa camada teriam de surgir as novas tendências, gostos e lideranças intelectuais e políticas.

Ingressada na economia geral do país, ao tempo do Presidente Kubitschek, em um ritmo acelerado de desenvolvimento industrial, seria, pois, ainda uma vez a classe média — e principalmente a da Zona Sul, pelos motivos citados — que iria traduzir no Rio de Janeiro o reflexo da nova fase, de uma maneira geral.

Como, porém, as contradições inerentes ao crescimento desordenado tornavam impossível o encontro de um denominador comum (desta vez até para a própria classe média, apenas), ela se dividiu em grupos irredutíveis, que obedeciam a tendências ligadas com o seu tipo de relações com a estrutura vigente no momento dado.

E eis como chegamos ao ponto de explicar, no plano da cultura, o curioso interesse de um desses grupos da classe média urbana carioca, predominantemente da Zona Sul, pelas manifestações de cultura popular representada no *show* *Opinião* e nos ambientes dos ensaios das escolas de samba, da gafieira Estudantina e do restaurante Zicartola.

Esse interesse nasceu por volta de 1960, com a descoberta dos ensaios das escolas de samba como motivo de atração da chamada "gente bem", que outra não é do que a alta classe média.

A corrida imobiliária, forçando pela elevação dos aluguéis a dispersão dos moradores das áreas valorizadas, provocou a concentração dos mais pobres nos morros, formando núcleos de população predominantemente negra nos redutos delimitados das favelas.

Um equívoco de *Opinião*

Ora, como eram exatamente esses elementos que guardavam o segredo da tradição de costumes populares mais genuinamente cariocas — que eram os costumes herdados dos negros escravos —, a tendência foi para uma nova síntese de cultura popular.

Esse reencontro de elementos de uma mesma origem, até pouco em convivência com elementos de vários níveis (casas de cômodos, cabeças-de-porco, albergues, cortiços, vilas etc.), provocou o recrudescimento de velhas práticas. No campo da religião, a macumba reorganizou-se e, pelo sincretismo, ascendeu a forma evoluída da umbanda, originando a proliferação de tendas e terreiros que gozavam até de pequenas dotações da União e do Estado. No campo das diversões e da música, os primitivos ranchos e cordões reapareceram sob a forma de associações recreativas carnavalescas chamadas escolas de samba.

Com a incorporação até mesmo inconsciente de figuras processionais, como a ala das baianas (sobrevivência das procissões da Senhora do Rosário), e as alegorias conduzidas em charola ou em carretas (herança dos ranchos do folclore nordestino), as escolas de samba trouxeram para o carnaval carioca a maior e mais original criação das camadas urbanas de qualquer cidade.

O reconhecimento dessa originalidade das escolas de samba, no mesmo instante em que o fenômeno de dispersão populacional que as tornara possíveis fazia entrar em decadência o carnaval de rua, levou à sua oficialização no calendário turístico.

Armadas as arquibancadas nas avenidas Presidente Vargas e Rio Branco, a classe média tomou os seus lugares (o povo fica de longe, assistindo de pé) e começou a bater palmas para o *show* de cultura popular que ajudava a institucionalizar com o seu entusiasmo estético.

Nesse mesmo instante, a onda de nacionalismo desencadeada pelo ingresso decidido da economia brasileira no ritmo acelerado do desenvolvimento autofinanciado pela inflação, levou mais uma vez a classe média à consciência de sua alienação. Tal como acontecera na primeira e segunda décadas do século, houve entre os elementos dessas camadas um súbito desejo de autoafirmação. Esse sentimento predispunha ao engajamento a alguma ideia capaz de indicar, objetivamente, a sua participação no processo de desenvolvimento que prometia transformar o país de importador em exportador, inclusive de cultura (e o sucesso de Brasília já era um primeiro exemplo, no campo da arquitetura).

Assim, como a classe média — e principalmente a sua camada mais intelectualizada — só participava da produção indiretamente, pela prestação de serviços (a força do capital estava com a burguesia, a do trabalho com os operários), a maioria dos elementos médios passaram ao apoio à tese de desenvolvimento, e do congraçamento com as camadas populares, através de uma união temporária que marcou a lua de mel política do conservador PSD com o PTB (o Partido dos Trabalhadores da época).

Culturalmente, esse período que coincidia com o Governo Kubitschek foi representado por uma efervescência intelectual que se traduzia no incremento da produção de livros, na tentativa do ISEB[1] de encontrar fundamento filosófico para uma economia desafiadora dos princípios clássicos e, finalmente, na ampliação dos quadros universitários, a fim de atender à demanda de técnicos para a indústria.

Quando esse grupo otimista da alta classe média começou a frequentar os ensaios das escolas de samba, a partir do mês de dezembro, a atual geração de jovens entusiastas do *show Opinião* e do restaurante Zicartola pensava ter encon-

---

[1] Instituto Superior de Estudos Brasileiros.

Um equívoco de *Opinião*

trado, no campo da música popular, a fórmula equivalente do "nacionalismo desenvolvimentista" do país: tinha criado a bossa nova.

Imediatamente, congregados à volta de organismos ao mesmo tempo culturais e políticos (UNE, UME, diretórios acadêmicos, centros de cultura), essa juventude — filha do equívoco que consistia em apoiar uma fração da burguesia dita progressista em troca de uma ilusão — cometia o equívoco de pretender, mais uma vez, encontrar o velocino de ouro do denominador comum de cultura — em ritmo de *jazz*.

Enquanto o Presidente Kubitschek inaugurava a linha de produção dos automóveis JK, na Fábrica Nacional de Motores, diante de uma fila de carros trazidos às pressas da Itália para a ocasião, centenas e centenas de jovens reuniam-se no Shopping Center de Copacabana e na Universidade Católica para aplaudir a Operação Pan-Americana da bossa nova. Simultaneamente, um grupo de bossa-novistas mais "avançados" editava sob a égide da UNE *long-playings* compactos com arranjos jazzísticos providos de letras de intenção revolucionária. Peças-relâmpago eram encenadas em praça pública ante a divertida curiosidade popular, e réplicas formais de folhetos de cordel da literatura popular nordestina foram impressos, reeditando num plano novo o fenômeno sertanejo de Catulo.

Ao mesmo tempo que isso acontecia, no entanto, as contradições de uma estrutura quase feudal, abalada pelo surto industrial e a explosão demográfica, remexia de novo as pedras do mosaico social.

A freada do chamado "desenvolvimento com inflação", provocada pela grita dos grupos da classe média alijada do processo econômico, necessariamente sujeito ao favoritismo, mais uma vez obrigou os idealistas desapontados a proceder a novo exame da situação.

Acontece que, como a esta altura a liderança intelectual

dessas camadas mais altas da classe média passara aos jovens (por força do impacto provocado sobre as universidades pela onda de politização), foi aos moços cariocas do Posto 4 a Ipanema, Leblon e Gávea, agora entre 18 e 22 anos, que se entregou a tarefa de encontrar a nova fórmula de autoconfirmação.

No próprio *show Opinião* citado como exemplo desse instante atual de apropriação da cultura popular, há um pequeno momento que exemplificaria claramente o que se quer demonstrar. A cantora Nara Leão, que simboliza esse grupo reivindicador da classe média (foi pioneira da bossa nova), anunciava a certa altura do espetáculo que ia gravar baiões *sim*.

A resposta provocativa, a uma pergunta vinda do alto-falante, tinha por objetivo demonstrar a sua decisão de romper com o preconceito cultural das camadas médias da Zona Sul contra um gênero de música regional que pagava o ônus de ter sido estilizada por um compositor profissional, com objetivos estritamente comerciais, em plena época da alienação. Realmente, quando o compositor e depois Deputado Humberto Teixeira lançou no mercado do disco a novidade do baião, no fim da década de 1940, esse gênero de música era considerado pelos admiradores do *jazz* como um subproduto regional: um refresco de caju que não se comparava, em matéria de sabor, com a refrescante coca-cola.

Assim, o que a decisão anunciada pela cantora Nara Leão queria dizer, então, era apenas que, neste novo momento de apropriação da cultura por parte da classe média, a consciência da alienação estava gerando outra fase de idealismo.

O que houve, na realidade, é que o grupo simbolizado na antiga deusa da bossa nova percebeu a falsidade cultural que consistia em cantar composições jazzísticas com letras em que a novidade do impressionismo nascia da falta de sintaxe, e revelava a ausência de conteúdo que transformava todas as músicas numa espécie de melado musical.

Um equívoco de *Opinião*

Para sanar esse mal, o idealismo dos responsáveis pela nova tendência juntou o oportunismo talentoso do compositor urbano Zé Kéti à ingênua autenticidade do compositor nordestino João do Vale, descoberto por acaso pela classe média nas apresentações do Zicartola, a despeito do seu sucesso como compositor de baiões em todo o Nordeste há quinze anos.

Aliás, como nasceu o próprio *show Opinião*?

Nasceu do entusiasmo da nova geração universitária da classe média, ante a apresentação de sambas antigos esquecidos (Cartola, Ismael Silva, Nelson Cavaquinho) no restaurante Zicartola em um sobrado da Rua da Carioca.

Mas como nasceu o Zicartola?

Nasceu como decorrência do mesmo fenômeno de entusiasmo que levou a classe média a procurar nos morros a fonte da vitalidade de uma cultura que não encontrara exemplo em seu próprio meio.

Onde estava, então, a contradição em todo esse movimento consentido de incorporação de padrões de outra classe?

A contradição estava expressa no determinismo histórico-sociológico que mostra que uma cultura particular não se transplanta, mas se cria pela sedimentação progressiva de fatores condicionantes, não apenas durante uma vida, mas durante muitas gerações.

Por que as classes médias não estabelecem, então, os seus próprios padrões?

As camadas médias não conseguirão, jamais, um caráter próprio, porque a sua característica é exatamente a falta de caráter, isto é, a impossibilidade de fixar determinado traço por longo tempo, em consequência da sua extrema mobilidade dentro da faixa situada entre a prestação de trabalho mecânico (salário mínimo) e a detenção dos meios de produção (grande capital financeiro e de indústria).

Por que insistiam, então, os responsáveis pelas diretrizes culturais da classe média brasileira, e particularmente a carioca, em mais uma tentativa de apropriar-se da cultura popular?

Insistiam, como das outras vezes, por idealismo. Embora muitos dos orientadores da moderna tendência à comunhão com a cultura popular tivessem as suas tinturas de marxismo, a sua ingenuidade era evidente.

O *show Opinião*, por exemplo, parecia querer dar a impressão — pelas entrelinhas do texto cuidadoso de seu programa — de uma tentativa de reação à política de coelhinho assustado com o comunismo instaurada pelo golpe militar de 1º de abril de 1964. Segundo os defensores desse idealismo, o *show Opinião* seria a mais séria tentativa de despertar a consciência nacional do povo, através de uma espécie de propaganda subliminar oferecida com o atrativo da boa música popular. Foi como decorrência desse princípio e dentro desse esquema que Nara Leão anunciou até que ia gravar baiões. Como foi também por idealismo que todo o elenco do *show* se apresentou de graça num dia de folga do grupo no Zicartola, para levantar a frequência do restaurante "popular", que caíra depois da estreia de *Opinião*.

Assim, o que os organizadores do *show* e a juventude universitária que o aplaudiram não perceberam, no entanto, é que tanto o espetáculo do Teatro de Arena quanto o "democrático" restaurante Zicartola, da Rua da Carioca, eram criações de um grupo da classe média para consumo das próprias ilusões. Nem chegava a ser de toda a classe média. Realmente, embora pela tendência geral às excitações da "cor local" e do "autêntico" pudessem levar ao teatro representantes dos chamados "grupos reacionários" da classe média (senhoras da CAMDE, Rosário em Família, que punham velas acesas nas janelas para protestar contra o governo populista, e as chamadas mal-amadas em geral), a "mensagem" política do *show* não os demovia um milímetro das suas posições (que também resultavam de um equívoco idealista).

Um equívoco de *Opinião*

Quanto ao povo, a quem se dirigiam as boas intenções políticas, esse ficava à distância pelo próprio preço do espetáculo, que fugia ao seu poder aquisitivo, ainda que uma boa publicidade pudesse despertar-lhe a curiosidade.

A cantora Nara Leão, naturalmente, gravou baiões com letras que revelavam as injustiças sociais do Nordeste brasileiro, é verdade. Mas como o LP também fugia ao poder aquisitivo da maioria do povo e parte da baixa classe média, os baiões da cantora bem intencionada circularam também apenas na faixa da classe média que foi ver *Opinião*.

Os nordestinos, esses continuaram a cantar as composições de João do Vale havia quinze anos produzidas para eles em discos de 78 rotações, cantados por Luiz e Zé Gonzaga.

O esforço para ajudar o ingênuo Cartola a pagar sua dívida de milhões de então pela compra (também idealista) do restaurante do sobrado velho da Rua da Carioca lhe permitiu resgatar parte das promissórias, até que, abandonado às moscas, depois que a moda passou, acabou revendendo-o ao casal Jackson do Pandeiro e Almira.

Com o fim do Zicartola, passou a moda da frequência dos "moços bem" na gafieira Estudantina. Dentro de alguns anos, a outra forma de apropriação de cultura (esta sem idealismo) que consistiria em infiltrar-se a classe média nos desfiles das escolas de samba, ia destruir a sua autenticidade e corromper sua estrutura baseada na solidariedade do grupo.

13.
POR QUE MORREM AS ESCOLAS DE SAMBA

O desfile das escolas de samba marcou, no carnaval do IV Centenário da Cidade do Rio de Janeiro, o ponto culminante da festa no que ela tem de espetáculo, mas fixou, também, o instante histórico do início da sua rápida desagregação como fenômeno folclórico.

Milhares de pessoas ajudaram a cantar os sambas de enredo, mas, sem que pudessem perceber, o seu coral era o canto fúnebre de uma manifestação de cultura popular, desfilando para a morte coroada pelas galas da arte erudita, num autêntico enterro de primeira.

As escolas de samba constituem, aliás, a última criação das camadas populares ligadas à tradição de costumes herdados da estrutura baseada no latifúndio.

Originárias dos ranchos de Reis, paganizados no carnaval carioca desde pelo menos 1870, as escolas de samba surgiram no fim da década de 1920, no mesmo momento em que se efetuava a concentração das camadas mais baixas da população nos redutos fechados dos morros.

Até o aparecimento das escolas de samba, o carnaval carioca — na área popular, naturalmente — era a festa mais violenta e caótica do mundo (são os próprios depoimentos de visitantes estrangeiros que reconhecem essa primazia).

Herdeiro do entrudo português — à base do jato de água e da farinha na cara —, o carnaval do Rio de Janeiro ia beneficiar-se, no entanto, do refluxo migratório de populações rurais nordestinas, atraídas para a Corte quando da decadência do café no Vale do Paraíba.

Foram esses contingentes de nordestinos, entre os quais figuravam muitos antigos escravos e filhos de escravos baianos, que pela primeira vez introduziram no carnaval carioca um mínimo de organização e de sentido grupal.

Chegados ao Rio, esses trabalhadores exclusivamente rurais ou meio urbanizados (como era o caso dos baianos do Recôncavo), não tendo outra credencial para o trabalho na cidade além da força dos seus músculos, foram empregar-se na zona dos trapiches como carregadores do pesado.

A zona do porto, pelo fim do século XIX, estendia-se para além da Praça Mauá, seguindo a atual Rua Sacadura Cabral até a Saúde e a Gamboa. Não seria, pois, por coincidência, que o primeiro rancho carnavalesco tenha surgido exatamente no bairro da Saúde. Segundo depoimento do baiano Hilário Jovino, em entrevista ao *Jornal do Brasil*, em 1913, quando chegara ao Rio, no ano de 1872, já encontrara no Beco João Inácio (a 200 metros da antiga Estação Rodoviária Mariano Procópio, caminhando pela Sacadura Cabral, à esquerda) um rancho de nordestinos intitulado Dous de Ouros. A acreditar em outros velhos pioneiros dos ranchos ainda vivos na década de 1960, mais antigos ainda do que esse seria o Rancho da Sereia, também de "nordestinos", isto é, de grupos heterogêneos (sergipanos e alagoanos, principalmente), de certa maneira rivais dos baianos.

De qualquer forma, o fato é que a estrutura dos ranchos de Reis do folclore nordestino (tão cheio de sobrevivências clássicas através dos símbolos pastoris) foi o ponto de partida para a organização processional dos grupos de foliões do carnaval carioca.

Quando o número desses ranchos de carnaval ultrapassou a casa da dezena, por volta de 1880 a 1890, o carnaval das camadas populares passou a concentrar-se no desaparecido Largo de São Domingos (leito da Avenida Presidente Vargas, na altura da Avenida Passos). Nesse tempo ainda não se falava na depois tão famosa Praça Onze, e os ranchos convergiam da Saúde para o centro da Cidade Velha descendo a Rua da Imperatriz, hoje Rua Camerino.

Em uma casa da Rua da Alfândega, fronteira ao Largo de São Domingos, morava Tia Bebiana, uma mulher baiana que guardava a lapinha diante da qual, até 1912, os ranchos iam fazer evoluções, numa reminiscência da festa folclórica realizada não no carnaval, mas no dia 6 de janeiro, dia de Reis.

Assim foi até o fim do século XIX. Mas, quando no início do século XX a construção do cais do porto, a abertura da Avenida Central (hoje Rio Branco) e o combate aos cortiços provocou uma funda alteração na geografia populacional herdada do Império, então o centro do carnaval das camadas mais baixas se transferiu para a Praça Onze. E havia uma explicação. A grande massa de moradores pobres do centro da cidade, expulsa pelo "bota-abaixo" das chamadas "grandes obras", deslocou-se para os pontos mais próximos das antigas moradias onde ainda podiam se refugiar: o Morro da Favela, e do Telégrafo (hoje da Mangueira) e as ruas da Cidade Nova, para os lados da Central.

Ora, o grande retângulo plantado de casuarinas do jardim da Praça Onze era o único respiradouro livre de toda a área da Cidade Nova, não se devendo esquecer que o terreno público mais próximo, o Campo de Santana, era cercado por grades. Na Praça Onze, pois, ia reproduzir-se o fenômeno do caos do tempo do entrudo, com a presença de capoeiras, de cordões (grandes blocos de fantasiados, sem organização e sem compromisso) e dos próprios ranchos, agora transformados em diversão das famílias modestas — através de um curioso fenômeno de ascensão social — com enredo, fantasias a propósito e música orquestral.

O PAPEL DA POLÍCIA

Esses encontros de "grupos" e "cordões", no retângulo da praça, resultavam — como era natural, numa época em que o excedente de mão de obra gerava a figura do "malandro" — em brigas sangrentas em que a polícia era obrigada a intervir. A repetição desses conflitos, alarmando as autoridades pelo número de mortos que originavam, obrigou a polícia das duas primeiras décadas do século XX a agir contra os cordões, ao mesmo tempo que prestigiava os ranchos, por sua boa organização e exemplo de ordem e "bom gosto".

Por esse andar da década de 1920 se haviam posto em confronto, assim, as duas tendências que iam determinar o futuro do carnaval das camadas populares do Rio de Janeiro: de um lado o carnaval ordeiro e enxertado de "artistas" da classe média da época (cenógrafos do teatro de revistas, músicos capazes de ler na pauta, pintores e chargistas da imprensa); do outro lado o carnaval das figuras isoladas de fantasiados piadistas e dos blocos de sujos e cordões, em acelerada decadência.

A desorganização dos grupos e cordões — tão perseguidos por indesejáveis e turbulentos — representava, porém, o sinal mais evidente de um momento sociológico que os contemporâneos ainda não eram capazes de distinguir. No seu individualismo feroz — a despeito do ajuntamento em "blocos" —, esses grupamentos anárquicos de fantasiados traduziam, de maneira mais perfeita, a verdadeira sacudidela urbana sofrida pelas populações humildes do centro da cidade, quando das "grandes obras".

Assim, quando ao fim da segunda década do século XX as favelas fizeram o seu aparecimento oficial na paisagem urbana carioca (o censo de 1920 já encontrou 839 domicílios e seis biroscas no Morro da Providência, atrás da Central), um grupo de sambistas estava fundando o primeiro "bloco de corda", com diretoria de terno e gravata, sob o nome desde logo histórico de "escola de samba".

Mas, se o característico das escolas de samba ia ser, exatamente, a solidariedade de grupo, facilitada pelo tipo especial de vida de populações predominantemente negras nos morros cariocas, haveria uma razão para explicar o fato de a primeira escola de samba ter surgido no asfalto, no Largo do Estácio?

Havia, e era a seguinte: o Largo do Estácio era a praça pública mais próxima do Morro de São Carlos, o primeiro da cidade a ser habitado, e que gozava da característica especial de abrigar uma população pobre, mas não o bastante a ponto de precisar morar em barracos de lata a restos de caixote, como a da Favela.

O Estácio — de onde se chegava facilmente à Praça Onze — era reconhecido nesse alvorecer de 1930 como um bairro de malandros perigosos. Em seus botequins reuniam-se os representantes da massa flutuante da população urbana que, figurando na realidade como excedente de mão de obra, num quadro econômico-social acanhado, se dedicava a biscates, ao jogo e à exploração de mulheres na zona do Mangue, que lhe ficava próxima.

Esses "bambas", como eram conhecidos na época os líderes dessa massa de desocupados ou de trabalhadores precários, eram, pois, os mais visados no caso de qualquer ação policial. Assim, não é de estranhar que tenha partido de um grupo desses representantes típicos das camadas mais baixas da época — Ismael Silva, Rubens e Alcebíades Barcelos, Sílvio Fernandes, o *Brancura*, e Edgar Marcelino dos Santos — a ideia de criar uma agremiação carnavalesca capaz de gozar da mesma proteção policial conferida aos ranchos e às chamadas Grandes Sociedades no desfile pela Avenida, na terça-feira gorda.

A criação das escolas

Realmente, em sua apresentação de estreia na Praça Onze, no carnaval de 1929, a primeira escola de samba carioca, a Deixa Falar, do Estácio, tinha o seu caminho aberto por uma comissão de frente que montava cavalos cedidos pela Polícia Militar, e tocava clarins numa imitação da fanfarra do desfile dos carros alegóricos das Grandes Sociedades.

Diante desse primeiro exemplo, os blocos e cordões de outros redutos de população predominantemente negra e mestiça (que contribuía com os maiores contingentes das camadas mais baixas) organizaram-se também em escolas de samba. E eis como, já no ano de 1930, a Deixa Falar encontrou na Praça Onze nada menos de cinco outras escolas de samba: a Cada Ano Sai Melhor, do Morro de São Carlos; a Estação Primeira, de Mangueira; a Vai Como Pode (futura Portela); a Para o Ano Sai Melhor, do próprio Estácio; e a Vizinha Faladeira, da vizinha Praça Onze.

A solidariedade

Assim, formadas dentro de um espírito de organização imitado da estrutura dos ranchos, com elementos tirados ainda dos desfiles das Grandes Sociedades, essas primeiras escolas de samba representavam a prova mais ostensiva da nova decantação social, após o êxodo forçado das camadas mais humildes do centro da cidade.

Como esses núcleos de população que contribuíam com o grosso do contingente das escolas de samba eram compostos de uma maioria negra, e como a condição econômica desses elementos os deixava estranhos aos instrumentos de sopro, o instrumental das escolas de samba baseou-se, desde logo, na percussão: a "bateria", passível de improvisar com barricas sobre as quais se estendia o couro que a ausência de tarraxas obrigava a distender pelo caminho, esquentando-se em pequenas fogueiras de papel.

Numa comunidade pobre — e este foi o característico folclórico básico das escolas de samba, em seu início —, a organização da escola de samba teve que repousar, necessariamente, na solidariedade de grupo.

O exemplo da primeira escola de samba, a Deixa Falar, bastaria por si só para demonstrar esse fato. Segundo depoimento de Ismael Silva ao cronista Sérgio Cabral, em 1961, os componentes da primeira escola de samba pagavam mensalidades de cinco mil-réis para a formação de um fundo destinado a custear a fantasia daqueles que não possuíam o mínimo de disponibilidade financeira para o seu próprio trajo. Foi com o passar dos anos, após ligar-se à vitória das escolas de samba, que surgiu a ideia de criar o livro de ouro, destinado a recolher entre os comerciantes vizinhos e particulares mais liberais uma ajuda em dinheiro para a compra de material.

Desejo de ascensão social

De envolta com o entusiasmo pela vitória carnavalesca por parte desses agrupamentos humanos da última categoria social, havia desde logo um sentimento que jamais foi posto em destaque por qualquer estudioso: o desejo ideal de ascensão social.

A própria humildade das profissões dos componentes das escolas de samba, durante a parte do ano entre a Semana Santa e o período das Festas, levava-os a congregarem-se para conseguir, durante o carnaval, o momento de glória das suas vidas obscuras. É essa a razão que explica o fato de o cenógrafo Newton de Sá, responsável pela execução do enredo "Quilombo dos Palmares", ter encontrado em 1960 a maior dificuldade para conseguir um grupo de pretos do Salgueiro dispostos a sair fantasiados de escravos, com tangas de algodão. É essa razão que explica a posterior tendência das mesmas escolas de samba de procurarem nos temas históricos os capítulos mais capazes de lhes permitir a encarnação de uma era idealmente esplendorosa, através dos enredos de casamentos de príncipes e dos bailes da Corte, na Ilha Fiscal.

Foi para atender a esse desejo de afirmação, numa sociedade em que constituem a base da pirâmide social, que os integrantes das escolas de samba cederam inicialmente à orientação da Ditadura Vargas, no sentido da escolha de temas glorificadores das próprias elites que lhes haviam escravizado os avós. Enquanto durou o Estado Novo, os temas das escolas de samba envolveram, de maneira quase invariável, episódios da Guerra do Paraguai, com suas figuras representativas: Barroso, Caxias, Tamandaré, e do marinheiro Marcílio Dias, naturalmente, por uma necessidade de preencher o vazio entre as elites e o povo, na longa descrição da história pátria nos compêndios dos ginásios.

INGENUIDADE FUNDAMENTAL

Essa grande ingenuidade — que constitui o traço fundamental do que se chama pureza, em matéria de escola de samba, enquanto fenômeno de cultura popular —, essa grande ingenuidade do ideal de ascensão social pela alegoria carnavalesca é que ia constituir, exatamente, o ponto de partida para a rápida desagregação das escolas de samba.

Com o aumento do número dos figurantes, de ano para ano, e a crescente proliferação das próprias escolas de samba (consequência da expansão da cidade, após a última grande guerra), a direção desse tipo especial de associação carnavalesca passou, pouco a pouco, direta ou indiretamente, dos próprios sambistas para elementos capazes de financiar o alto custo das apresentações: comerciantes, bicheiros e industriais.

Paralelamente, a decadência geral do carnaval de rua, a partir da década de 1940, fez surgir o fenômeno da escola de samba como o espetáculo capaz de atrair os turistas à cidade, durante o carnaval. Essa expectativa serviu para oficializar a festa, e o brilho sempre crescente das apresentações começou a encaminhar a intenção dos enredos para o caminho do *show*, despertando já agora o interesse das camadas médias da população, que se aboletaram nos palanques armados pelo Estado.

Assim, embora a infraestrutura da escola de samba, como organização carnavalesca herdeira de um velho estilo, ainda continuasse a funcionar na base da solidariedade de grupo (costureiras e artesãos trabalhando de graça para a escola, fora das horas do seu trabalho normal), a sua superestrutura — ou seja, as suas diretorias — deixavam-se dominar pela febre da disputa na base do desfile *show*. Ora, como no atual estado da comunidade em que se criam as escolas de samba não se encontram no próprio meio os artistas e artesãos capazes de "elevar" o nível artístico das alegorias, para o sobrepujamento do rival, a tendência normal foi para o que viria a se revelar uma forma de suicídio: o apelo à colaboração de artistas de cultura erudita.

Artista erudito mata as escolas

Esse fenômeno novo, que data historicamente de 1960, quando o então presidente do Salgueiro, Sr. Nelson Andrade, contratou os serviços dos cenógrafos Fernando Pamplona, Arlindo Rodrigues e Newton de Sá, marcou a tentativa impossível de mistura de duas culturas: uma, popular urbana, com raízes folclóricas; e outra, erudita, com raízes internacionais.

Inicialmente, ou seja, logo às primeiras críticas, os profissionais da classe média interessados na promoção pessoal dos seus trabalhos, através do desfile das escolas de samba, afirmaram o seu direito de participação, declarando que a experiência resultaria na "elevação" do nível das escolas e o apuramento do gasto dos seus próprios elementos. Desde logo, porém, cenógrafos, escultores e figurinistas esqueciam-se de que os seus desenhos, figuras e fantasias — pressupondo um substrato cultural formado ao longo de cursos e leituras — eram despejados nas escolas às vésperas do carnaval já elaborados, cabendo aos crioulos vestir os trajos e empurrar as carretas.

A partir daí, numa sucessão de equívocos, os componentes das escolas de samba aceitaram a tese suicida da sua cultura, segundo a qual as inovações e o sucesso alcançado perante o público das avenidas lhes pertencia. Como em tantos casos — o da apropriação do samba tradicional pela bossa nova, denunciado em capítulo anterior, é um deles —, a grande ilusão da massa humilde foi acreditar que da sua união com a classe média lhe poderia advir algum benefício. E o carnaval do IV Centenário aí serviu para provar esta verdade.

Graças a verbas oficiais liberadas às pressas para ajudar nas despesas, graças a doações dos seus mecenas locais e às contribuições arrancadas ao comércio ou conseguidas através da realização de ensaios pagos, as escolas de samba apresentaram realmente durante o carnaval de 1965 o maior *show* ambulante jamais encenado em qualquer parte do mundo. Os turistas viram, com espanto, os antigos passistas virtuosos marcando, no asfalto das avenidas, os passos de *ballet* longamente ensaiados por bailarinos de escolas, como a senhora Mercedes Batista. As fábricas gravadoras, atentas à reação do público ante os sambas do maior agrado, lançaram logo após o carnaval, na praça, os LPs de capa colorida e texto de contracapa em várias línguas. As revistas de todo o mundo publicaram reportagens, fornecendo pormenores incríveis sobre o custo do espetáculo e de certas fantasias.

Mas o carnaval do IV Centenário passou.

E então, o que aconteceu? As humildes costureiras e os humildes artesãos que deram horas e horas de trabalho gratuito na confecção de fantasias e alegorias ficaram sabendo que, na febre da disputa, este ritmista ou aquele passista recebeu determinada soma para trocar de escola. Compreenderam que as centenas de pequenas contas e miçangas que ajudaram a aplicar na fantasia de uma das vedetas da escola já serviram pessoalmente a quem a vestia para ganhar prêmios no Municipal. Os humildes tomaram, afinal, conhecimento dos milhões pagos a toda aquela gente de fora que veio ensinar passos diferentes, modelar alegorias e desenhar estandartes e fantasias. Eis por que os humildes serão forçados a lembrar que, para eles, os crioulos, ficou apenas o suor, o longo jejum à espera da hora de desfilar e a glória mínima de um sorriso sem dentes diante de outros estranhos — os da comissão julgadora. Descobrem assim que, da sua antiga festa, só participam pelo esforço físico da caminhada e pelo trabalho braçal de empurrar carretas.

O FIM DAS ESCOLAS

Quando o grosso dos componentes das escolas de samba se indignarem com isto — o futuro dirá se não —, a costureira, o artesão, os autores do samba premiado, os passistas e pastoras mais salientes vão chegar para o presidente da escola e dizer:

Por que morrem as escolas de samba

— Como é que é, seu fulano? Todo o mundo tá levando o seu. Eu também não vou levá o meu?

Nesse momento estará destruído o princípio básico da solidariedade de grupo que repousa na gratuidade da manifestação de cultura popular representada pelas escolas. As escolas de samba estarão mortas e perderão a sua raiz folclórica, subindo ao céu da arte erudita e da promoção comercial ante as palmas da classe média — como um balão de gás.

E os crioulos? Bem, esses, quarta-feira de cinzas, despem sempre o manto diáfano da fantasia, envergam a calça furada da realidade, e vão pegar o trem da Central correndo — que o patrão é fogo!

A CONFIRMAÇÃO DO TEMPO (I)[1]

Exatamente três anos depois de publicados no jornal *Diário Carioca*, do Rio de Janeiro, os dois artigos incluídos na 1ª edição deste livro sob os títulos "Um equívoco de *Opinião*" e "Por que morrem as escolas de samba", e agora reproduzidos sem alteração do texto, o jornal *Correio da Manhã* de 15 de dezembro de 1968 publicou à página 12 do seu primeiro caderno, com o título "Samba já perde a sua autenticidade", um artigo que o autor se permite transcrever, como uma prova da justeza da sua análise:

> "A interferência de pessoas estranhas ao meio, a profissionalização de compositores e passistas e a exigência de luxo nos desfiles do supercampeonato da Avenida Presidente Vargas estão acabando com a autenticidade das principais escolas de samba ca-

---

[1] Aditamento à 2ª edição, 1969.

riocas, cujo desvirtuamento e morte poderá significar o próprio fim do carnaval de rua mais famoso do mundo.

Essa constatação, realizada entre participantes e frequentadores mais antigos das rodas de samba, reflete a ameaça de repetição do fenômeno verificado na gafieira Estudantina Musical — velho reduto tradicional da noite carioca — que perdeu todas as suas características depois de ter sido invadida e abandonada por grupos estranhos às suas origens, quando a 'moda passou'.

Presença

Elson Macula, relações-públicas da Escola de Samba Unidos de Vila Isabel, diz que a presença de gente de fora nas agremiações é benéfica em certos casos, pois o poder econômico dos convidados é que permite a armação dos grandes desfiles, sendo quase impossível a qualquer escola viver sem público nos ensaios. Opinou: '— A Mangueira, sem a grande afluência atual à sua quadra, era uma escola sem luxo e tinha dificuldades para disputar o supercampeonato na Avenida'.

Segundo a palavra de Macula, as escolas são forçadas a optar pelo luxo, pois o campeonato foi colocado nesses termos de competição. O samba autêntico, como nasceu nas escolas, só pode ser visto agora nas agremiações do II Grupo que desfilam na Avenida Rio Branco.

Interferência

O compositor Aluísio Machado, da Império Serrano, citou um caso pessoal para mostrar interferência de pessoas de fora nas escolas. Em 1966, ele

Por que morrem as escolas de samba

e Acir Pimentel compuseram um samba para o enredo 'São Paulo, Chapadão de Glórias', que foi preterido por uma comissão formada por Nora Nei, Jorge Goulart, Evaldo Gouveia e Jair Amorim (os dois primeiros são da Império e os outros são disc-jockeys), depois da corporação da Império tê-lo aplaudido, cantado e preferido na quadra.

Teresa Aragão, que promove o *show A Fina Flor do Samba* todas as segundas-feiras no Teatro Opinião, com o que há de mais puro no samba carioca, afirmou que 'somente as escolas mais distantes da cidade vão resistir à infiltração, mantendo-se fiéis às suas tradições. Hoje há muita gente que frequenta os terreiros e procura desfilar nos principais grupos para sair em capa de revista e ter promoção pessoal ou profissional'.

Gafieira

Manuel Lino, proprietário da Estudantina Musical, gafieira da Praça Tiradentes que foi muito procurada por grupos da Zona Sul há uns dois anos, confirmou a metamorfose por que passou sua casa. Antes da chamada 'invasão do branco', a Estudantina tinha a sua clientela formada no curso de muitos anos por homens e mulheres que se esmeravam para frequentar os seus bailes sérios e pitorescos com a melhor roupa e a maior animação.

Com o aparecimento do Zicartola (do compositor Cartola, da Mangueira) na Rua da Carioca, grupos de estudantes e intelectuais passaram a frequentar também a Estudantina, deixando os antigos clientes sem condições econômicas de reservar uma das mesas ou mesmo conseguir uma nova namorada. Quando esses grupos se cansaram e mudaram suas atenções para outros pontos, a Estudantina ficou sem os dois tipos de clientes. Manuel Lino, entretanto, afirma que passaria novamente pela experiência, que foi muito boa em termos comerciais.

EMBALO
Ainda Teresa Aragão opinou que deveriam ser tomadas providências capazes de eliminar certos vícios dos desfiles de samba, preservando a sua autenticidade. Deveria ser incluída no regulamento a proibição para que o mesmo passista desfilasse em duas ou mais escolas e desse 'cambalhotas' para conquistar turistas, fugindo das tradições. Sobre os ensaios das escolas, ela afirmou que a Mangueira — como exemplo — apresenta sambas de embalo (tipo 'Bafo da Onça'), no seu terreiro, para agradar ao público que a procura, mudando o ritmo de suas origens."

Como, além de a realidade expressa nessa reportagem ter confirmado três anos depois as previsões do autor, o III Simpósio de Samba reunido no Rio de Janeiro em 1969 ainda incluiu em seu temário a discussão de todos os fatores desagregadores da cultura popular apontados, o autor dá por comprovada a sua interpretação pioneira do papel corruptor da classe média, e aproveita a oportunidade para agradecer a todos aqueles que — a partir de 1968 — lhe têm encampado as conclusões em brilhantes reportagens, sem citação da fonte.

A confirmação do tempo (ii)[2]

A evolução das escolas de samba cariocas (que, por sinal, ditam o modelo para todas as demais criadas no Brasil e, a partir da década de 1990, também no exterior) veio confirmar nos quase trinta anos após a 2ª edição deste livro não apenas o que sobre elas se escreveu sob o título "Por que morrem as escolas de samba", mas transformar esse ensaio no mais bem sucedido estudo de um fenômeno de cultura popular apreendido em movimento.

De fato, embora o trabalho do autor nunca seja citado, as reportagens e entrevistas realizadas sobre o tema pela imprensa parecem feitos para ilustrar, ponto por ponto, com dados colhidos na realidade, as previsões de 1966. A indagação colocada, por exemplo, ao fim do ensaio, como antecipação possível da atitude dos componentes das escolas de samba, ante a progressiva comercialização da sua criação cultural — "Como é que é, seu fulano? Todo mundo tá levando o seu. Eu também não vou levá o meu?" — teria sua reprodução na pergunta do mestre-sala da Escola de Samba Beija-Flor, ex-Polícia de Vigilância, por isso chamado de Elcio PV (ganhador do Estandarte de Ouro de 1978), publicada no jornal *O Globo* de 10 de junho de 1979:

> "Não sou profissional, mas não sou contra os colegas que se profissionalizam. Por que não? Os cartolas ganham dinheiro em cima da gente. O que há de errado em nos valorizarmos?"

Em 1984, quando da inauguração da Passarela do Samba, construída seguindo risco do arquiteto Oscar Niemeyer

---

[2] Aditamento à 3ª edição, 1997.

na Rua Marquês de Sapucaí, no Rio de Janeiro, pode-se ler no jornal *O Estado de S. Paulo* de 10 de março daquele ano, sob a assinatura de Luiz Izrael Febrot, uma verdadeira síntese do que há quase vinte anos neste livro se escrevera:

> "A construção da Passarela do Samba no Rio (embora reconheça que a expressão limite o alcance do projeto) representa, pois, o fim de um processo: o desfile das escolas de samba está agora definitivamente institucionalizado. E o que era uma festa popular, pressupõe hoje passar antes pela bilheteria."

E no carnaval de 1996, finalmente, pelo próprio título do artigo publicado no jornal *O Estado de S. Paulo* de 25 de fevereiro, já se concluía que "A grande festa, quem diria, ficou chata", seu autor, o estudioso de problemas do negro brasileiro *doublé* de compositor Nei Lopes, após lembrar que as escolas de samba haviam passado de "pequenos grupos de amigos, vizinhos, parentes", a "microempresas, onde qualquer um pode chegar, venha de onde vier, desde que pague a fantasia", concluía:

> "Com a chegada de uma nova estética trazida das academias de belas artes e que teve que se adequar ao primado da televisão, estética depois ajustada a uma organização neoliberal e paramilitar, os sambistas viram o poder escorrer-lhes pelos dedos.
>
> Foi assim que a escola de samba foi ficando um negócio repetitivo, igual, chato. Com um sorriso 'profissional' na boca de cada passista, com uma alegria fabricada na batida de cada ritmista. Mas com uma grana violenta no bolso de meia dúzia. Que não é sambista, claro!"

Por que morrem as escolas de samba

Mais de trinta anos depois da 1ª edição de seu livro, só resta ao autor do ensaio "Por que morrem as escolas de samba" renovar seus agradecimentos aos que "lhe têm encampado as conclusões em brilhantes reportagens" — e nos últimos tempos também em trabalhos acadêmicos — sem indicação da fonte.

A CONFIRMAÇÃO DO TEMPO (III)[3]

Na entrevista realizada com o compositor Martinho da Vila ("Martinho José Ferreira, 73 anos completados ontem [12 de fevereiro de 2011], 'mas com cabeça de 37', compôs oito sambas e criou seis enredos (dois campeões) para sua Vila Isabel"), o jornalista Christian Carvalho Cruz, após citar na abertura de seu texto "Ilusão que míngua" a conclusão de seu entrevistado sobre a realidade das escolas de samba — "Tudo gira em torno do lucro hoje. Ninguém faz mais nada por fazer" —, após concordar que "As ilusões carnavalescas são outras. E não custam barato", resume: "Que o diga a Vila do Martinho. Neste ano ela levará à Sapucaí um enredo sobre cabelos. Devidamente patrocinada por uma marca de xampu. Chora cavaco!" (O *Estado de S. Paulo*, 13 de fevereiro de 2011).

E a seguir inicia a entrevista, em que colhe de Martinho da Vila, entre outras, as considerações agora aqui reproduzidas como um eco perfeito do que neste livro se lê no estudo de 1966 intitulado "Por que morrem as escolas de samba":

"*A organização deixou o carnaval chato?*
Tudo é comercial, precisa gerar receita. Nin-

---

[3] Aditamento à 4ª edição, 2012.

guém faz nada mais por fazer. O carnaval está completamente fora da sua origem. Virou indústria. [...]

No sambódromo essa mistura [a mistura de classes sociais vista nos ensaios de quadra das escolas] *é menor, não é? Tem camarote para uns, arquibancadas na chuva para os outros...*

Ah, mas isso é o Brasil. A seleção em nosso país se dá pelo dinheiro. Para socializar o camarote só quando a sociedade brasileira estiver mais equilibrada. Por enquanto é o lucro que manda. Por isso o carnavalesco é profissional, os mestres-salas, as porta-bandeiras... Todos eles são funcionários contratados pelas escolas.

E você gosta que seja assim?

Não gosto. Eu preferia no passado, quando todos se sentiam donos da escola e se esforçavam para fazer a coisa acontecer. Os moradores iam varrer a quadra, vender cerveja nos ensaios... Hoje, não. Todo mundo está ali trabalhando. [...] Antigamente, a glória de um sambista era ter seu samba cantado na Avenida. Hoje tem resultados financeiros no jogo. Para seu samba ser escolhido, você tem que contratar um puxador que vá defendê-lo. [...] Um puxador, dois ritmistas e um cavaquinho. Isso custa dinheiro. De graça ninguém faz mais. E o puxador pode ter nascido na Portela, por exemplo, mas é contratado pelo compositor para defender o samba da Vila Isabel. E ele vai, claro, pra ganhar um dinheiro.

Isso soa tão anticarnaval...

As escolas estão quase como os clubes de futebol. Eles não têm mais jogador, que pertencem a empresários, patrocinadores, a todo mundo menos ao clube. As escolas também não têm mais seu mestre-sala, o seu diretor de bateria. Terminou o carnaval, começam as contratações. As escolas disputam o diretor de harmonia que foi bem naquele ano, o mestre de bateria mais premiado... Neste ano, quando der abril, já vai estar todo mundo contratado, e possivelmente por uma escola diferente da que desfilou.

De quanto dinheiro estamos falando?
O samba escolhido rende para os autores uns R$ 200 mil. O problema é que boa parte ele gasta antecipadamente, fazendo campanha, promoção. [...]

E se te chamassem para fazer um samba sobre chocolate, porque o desfile vai ser bancado por um fabricante de chocolate?
Pois é... Hoje o carnaval está atrelado a isso. É um problema. [...] Antigamente era o contrário. Digamos que eu achasse legal fazer um enredo sobre a história do *Estadão*, por vontade minha. Eu faria e depois procuraria a direção do jornal para ver se eles poderiam dar uma ajuda, uma colaboração. Se não pudessem, sairia do mesmo jeito. Agora é o oposto. Primeiro se procura o patrocinador, depois se pensa no enredo."

ESTUDOS

O CHORO

1.
CARTEIRO ESCREVE A MEMÓRIA DOS CHOROS

Em 1936 apareceu no Rio de Janeiro, impresso na Tipografia Glória, da Rua Ledo, nº 20, um livro de uma enorme ingenuidade, mas que se tornaria, surpreendentemente, o maior repositório de informações sobre centenas de compositores e músicos dos antigos choros cariocas. Chamava-se o livro, vendido ao preço de quatro mil-réis (a tiragem foi de 10 mil exemplares), *O choro: reminiscência dos chorões antigos*, e seu autor assinava-se Alexandre Gonçalves Pinto. Como documento sociológico, o livrinho do bom Alexandre revela-se precioso desde sua apresentação. Impresso em papel ordinário, no formato de 14 x 19 cm, com 208 páginas, trazia desenhada, na capa, abaixo do título *O choro*, uma cena de baile em que apareciam — no traço banal de um desenhista sem maiores qualidades — seis músicos tocando e três pares enlaçados, dançando. Na última capa, de cartolina ordinária, na cor azul-esverdeado, um anúncio, provavelmente agenciado pelo autor para ajudar a impressão, aconselhava os produtos Busi "às pessoas que façam uso da *voz* em orações, cânticos etc.". O mais interessante, porém, na apresentação desse livro — que, por um aviso final do autor, ficamos sabendo que deveria ter saído antes do carnaval de 1936, mas efetivamente só veio à luz depois, por se ter quebrado o prelo da gráfica em que estava sendo impresso — está no prefácio do próprio livro.

Alexandre Gonçalves Pinto, grande admirador de Catulo da Paixão Cearense, que considerava "o maior cantor e poeta de todos os tempos", encomendou o prefácio ao pedante amigo que, como resposta, escreveu-lhe uma carta datada de 28 de outubro de 1935 — ingenuamente reproduzida por Alexandre — e na qual o poeta, enviando anexo um poema intitulado "O passado" (que o autor também publica), afirma com toda a indelicadeza não poder "ser útil nas correções dos erros (do livro), porque só uma revisão geral poderia melhorá-lo, o que é impossível, depois de o teres quase pronto". Mal contente com essa tirada do amigo Catulo, que por si só seria capaz de assegurar para o seu livro um caráter de inegável originalidade, Alexandre Gonçalves Pinto teve a simplicidade de publicar, na página 7, um soneto assinado com o pseudônimo Max-Mar, em que este outro poeta lhe traça o perfil em versos de pé quebrado sob o título de (pasmem!) "Perfil do Animal". Vale a pena reproduzir esse soneto com que Alexandre Gonçalves Pinto se viu retratado, como amostra do tipo de humor que presidia as relações entre elementos da baixa classe média, que era, afinal — como o próprio livro mostra — de onde saíam os *chorões antigos*:

Alto, já bem grisalho e urucungado,
fisionomia alegre, e sempre brincalhão;
é sincero e leal, e por todos estimado,
governa a sua vida, com o próprio coração.

Bom chefe de família, funcionário honrado,
tocador de cavaquinho, e cuera violão;
ser político sempre foi seu maior predicado
e por várias vezes já tem sido pistolão.

Tendo o dom da palavra é inteligente,
anda sempre sem dinheiro mas... contente...
pra comer e beber é grande general.

Conhecedor de toda gíria da cidade
é o protótipo extremo da bondade:
eis aqui traçado o perfil do Animal.

À margem da sua qualidade literária (pobre, aliás, como se vê), o soneto vale também como um documento. Pelos versos claudicantes de Max-Mar ficamos sabendo que o autor de *O choro: reminiscências dos chorões antigos* era, a despeito da boêmia, um bom chefe de família, que durante o dia prestava seus serviços numa repartição pública — pelo livro apuramos que era funcionário dos Correios — e por várias vezes já tinha sido pistolão, isto é, já havia conseguido emprego para outras pessoas. Dono de grande ingenuidade — o que o "Perfil do Animal" não diz, mas o estilo em que foi escrito o livro comprova —, Alexandre Gonçalves Pinto, antes de passar, finalmente, ao seu prefácio do livro, ainda publicaria do mesmo Max-Mar um poema denominado "Perfil dos chorões", composto de seis quartetos em decassílabos medíocres, mas entre os quais se salva um belo verso, por sinal de nove sílabas: iniciando o poema com uma invocação ao "Conjunto de flautas maviosas,/ Chorões de cavaquinhos e violões!", o poeta define o livro do memorialista Alexandre Gonçalves dizendo aos velhos chorões: "Tereis neste livro as vossas rosas".

O verso não deixa de afirmar uma verdade. Em seu livro, "lembrando fatos ocorridos de 1870 para cá", ou seja, cobrindo um período de mais de sessenta anos (considerando que teria sido escrito provavelmente durante o ano de 1935), Alexandre Gonçalves Pinto faz desabrochar velhas lembranças em que recorda os "chorões do luar, os bailes das casas de família, aquelas festas simples onde imperava a sinceridade, a alegria espontânea, a hospitalidade, a comunhão de ideias e a *uniformidade de vida*".

A importância da interpretação do curioso livrinho do memorialista popular, do ponto de vista sociológico, está exatamente nisso. Em 1935, quando Alexandre Gonçalves Pinto o escreveu, "já bem grisalho e urucungado", ou seja, recurvado como um arco, a sociedade do Rio de Janeiro, que ele conheceu a partir de 1870, havia perdido, realmente, "a uniformidade da vida". Essa uniformidade de vida a que o autor de O *choro* se refere com a nostalgia de uma coisa perdida, nada mais significava do que a aparência da estrutura social sedimentada durante a tranquila exploração do trabalho escravo, no Segundo Império, e que começou a ser modificado no início do século XX, quando os primeiros pruridos de indústria urbana diversificaram as camadas sociais, alterando a homogeneidade de camadas que cultivavam estavelmente certos hábitos, como, por exemplo, o da reunião de chorões durante as festas de família.

O livro de Alexandre Gonçalves Pinto, composto por mais de trezentas pequenas biografias e notícias sobre velhos compositores e componentes de choros, profissionais e amadores, é todo um canto de saudade, e a própria forma pela qual o autor começa as suas memórias revela-o desde logo:

> "OS CHOROS. Quem não conhece este nome? Só mesmo quem nunca deu naqueles tempos uma festa em casa. Hoje ainda este nome não perdeu de todo o seu prestígio, apesar de os choros de hoje não serem como os de antigamente, pois os verdadeiros choros eram constituídos de flauta, violões e cavaquinhos, entrando muitas vezes o sempre lembrado oficlide e trombone, o que constituía o verdadeiro choro dos antigos chorões."

Começando por Calado, sobre o qual afirma: "tornou-se um Deus para todos que tinham a felicidade de ouvi-lo", Alexandre Gonçalves Pinto inicia o desfile dos nomes que lhe vêm à memória, citando sempre — o que é de suma importância para o estudo do meio em que viveram os chorões — as ruas em que moravam, os bairros em que se davam as principais festas e as profissões dos instrumentistas. Na pequena notícia sobre um chorão ao qual se refere apenas pelo prenome de Gedeão (morto já ao tempo em que escrevia), assim referia o simpático Alexandre: "Morava numa pequena casa na Rua Machado Coelho perto do Estácio, esta casa era a reunião dos chorões, sendo portanto uma grande escola de musicistas, onde o autor deste livro ia ali beber naquela fonte sua aprendizagem de violão e cavaquinho" (a pontuação do autor foi conservada).

E assim é que, pelo livro despretensioso de Alexandre Gonçalves Pinto, fica-se sabendo, por exemplo, de uma vez por todas, que originalmente o choro não constituía um gênero caracterizado de música popular, mas uma maneira de tocar, estendendo-se o nome às festas em que se reuniam os pequenos conjuntos de flauta, violão e cavaquinho. A propósito, dando notícia de um velho chorão conhecido exatamente por Juca Flauta, o autor — que reconhecia ser o seu livro "pobre de literatura, porém, rico de recordações" — assim deixava evidente o que até os primeiros anos do século XX se entendia por choro:

> "Juca Flauta, como era conhecido, morava em uma avenida na Rua Dona Feliciana, já naquele tempo bem velho, não era também um grande flautista naquele tempo, porém, *tocava os choros fáceis como fosse polca, valsa quadrilha, chotes, mazurca etc.*" (o grifo é nosso)

Onde *O choro: reminiscências dos chorões antigos* se mostra mais importante, no entanto, é na revelação da condição social dos velhos componentes dos choros — funcionários dos Correios (o próprio Alexandre Gonçalves Pinto era carteiro da 2ª Seção), soldados de polícia, componentes das bandas de corporação, feitores de obras, pequenos empregados do comércio e burocratas.

Carteiro escreve a memória dos choros

2.
HISTÓRIA DOS CHOROS CARIOCAS

A história dos choros cariocas, cuja origem remonta às bandas de músicas de escravos das fazendas fluminenses e da própria Corte, na segunda metade do século XIX, pode ser facilmente levantada a partir do caótico, mas admirável livrinho de Alexandre Gonçalves Pinto, *O choro: reminiscências dos chorões antigos.* Pelas memórias do velho chorão, cujo tipo físico pode ser avaliado pelo apelido de Animal (que ele aceitava comovido, como uma prova de carinho dos contemporâneos), podemos verificar que o choro é mais uma contribuição indireta da Igreja Católica, no Brasil, às alegres manifestações pagãs das camadas populares. Sob o título "A alvorada da música", encaixado sem maiores explicações em meio às pequenas biografias de chorões, à página 110 do seu livro, Alexandre Gonçalves Pinto dá a entender — mais do que diz, expressamente — que a origem do choro por ele decantado em suas memórias dos velhos chorões estaria nas bandas que saíam a tocar nas festas de igreja (a original pontuação do autor foi conservada):

> "As organizações das bandas de músicas nas fazendas, para tocarem nas festas de igrejas, nos arraiais, longe e perto das antigas vilas e freguesias, que são consideradas hoje, cidades davam um cunho de verdadeira alegria naquele meio tristonho, mas, sadio, sem instrução, sem cultivo onde imperava a soberania dos fazendeiros, grandes nababos, chefes dos partidos políticos, liberal, e conservador.

Nesta época só existiam estes dois, que eram disputados pela força do dinheiro da vingança, da traição, dos crimes, e de cenas de pugilatos pelos capangas e chefes de malta, dos partidos de capoeiragem, Nagôas e Guaiamus salientados pela faca, pela navalha, pela cabeçada, pelo tombo baiano, pelo rabo de arraia, pelo calçador e mais as infalíveis rasteiras e pantanas, e mais muitos outros golpes deste sport genuinamente brasileiro, que dominavam no tempo da Monarquia."

Como vemos, é todo um quadro de uma época que se desenha através das memórias do bom Animal, cujo interesse pela boêmia do choro vinha, segundo ele mesmo afirma, de 1870, o que o habilitava a continuar:

"Os políticos daquele tempo aproveitavam estes elementos fazendo de seus chefes, cabos eleitorais verdadeiros 'leões-de-chácara', destruidores das urnas eleitorais em defesa de suas eleições, defendidas deste modo pela flor da gente como eram conhecidos pelas tropas partidárias.

Guerreavam pela conquista da vitória de seus partidos sangrentos, chefiados pelos ambiciosos, orgulhosos e carrascos fazendeiros."

Pois é nesse meio, segundo Alexandre Gonçalves Pinto, que se formavam também as bandas de músicas que os poderosos donos de terra suportavam e até estimulavam, reconhecendo, por intuição, o papel de válvula de escape de revoltas que representavam:

"Em tais fazendas haviam [sic] bandas de músicas compostas de escravos, e delas saíram muitos

História dos choros cariocas

músicos notáveis, que se identificaram com as harmonias dos seus instrumentos. A música rude das passadas eras da escravidão, do eito, onde o feitor de bacalhau em punho tinha os foros dos Cérberos infernais."

Mas, onde e quando tinham oportunidade de tocar essas bandas necessariamente improvisadas? É ainda o próprio Alexandre Gonçalves Pinto, esse bom Animal — que Deus o tenha — quem nos ensina, no pequeno capítulo intitulado "As nossas festas", nas páginas 64 e 65 (sem qualquer ligação com o capítulo da página 110 já citado, como se vê), escrevendo estas comovidas palavras, repassadas de saudade:

> "Quem é capaz de ter no esquecimento das festas de fim de ano das épocas remotas [épocas remotas, para Alexandre, seriam as duas últimas décadas do século XIX] que começávamos pelo Ano Bom ao romper da alvorada, que desfraldava a bandeira da esperança de um ano cheio de prosperidade encastelado de projetos e alegria idealizado pelos namorados, finalmente para toda a realização de bons ideais. As famílias se reuniam para festejarem desejando as boas saídas e melhores entradas organizando boas serenatas, e maviosos choros em louvor a São Silvestre. [...]
>
> Depois os Reis, festa tradicional da nossa história em que a estrela anunciou e apontou no Oriente o Nascimento do Menino Deus que se chamou Jesus, e que foi o nosso Salvador. O brilho desta estrela iluminou e apontou aos três Reis Magos que chegaram no dia da Epifania a vigília das pastorinhas do advento do ano que começa daí seguindo para o glorioso dia do Mártir São Sebastião, pa-

droeiro desta Cidade Maravilhosa, dia este, que tinha o esplendor das festas de todos os lares familiares, realizações de casamentos e batizados, bailes cheios de alegria organizados por chorões que com suas harmonias deliciavam a grandeza deste dia. Depois o carnaval com as cinzas percursora [sic] da Semana Santa."

Vamos vendo que, com exceção do carnaval, as oportunidades para festas — primeiro com a presença de bandas de escravos e libertos, depois já com os choros das cidades — eram todas fornecidas pelo calendário religioso. E não eram só essas. Alexandre Gonçalves Pinto, depois de lembrar que nos carnavais do século XIX os "foliões musicistas" "iam de vila em vila, de cidade em cidade, enfrentando o entrudo da água, dos limões de cheiro e até dos baldes de água e das bisnagas, de acordo com os costumes daquele tempo", ainda prossegue:

> "E depois vem o Domingo de Ramos. Ornamentam-se as igrejas, acendem-se os turíbulos que incensam os fiéis, que em romaria prestavam homenagem ao Filho de Deus.
> Depois [vão os leitores contando os "depois, depois"] a Páscoa, festival [sic] que significa a Redenção Espiritual passagem da Ressurreição. Os lares se transbordam de alegria, as festas se prolongam com música e harmonia em louvor a este dia, um dos maiores da História. Depois a Conceição festiva com todas as suas tradições de casamentos, dia que faz feliz os namorados e cristãos [sic], os inocentes, segundo o Cristianismo."

E, para fechar o ciclo, naturalmente, o Natal:

História dos choros cariocas

"Oh! que reminiscência a que tenho das festas destes dias que já se foram! como o glorioso Natal do Nascimento [sic] do Filho de Deus, que espalhou o bálsamo consolador pela humanidade sofredora com a divindade do pão e do vinho, da missa do Galo, que era naquele tempo o esplendor harmonioso do amor dos corações de todos os devotos. O Natal, é uma festa universal onde a música divina enche os corações de alegria."

E Alexandre Gonçalves Pinto conclui: "eis aqui em pálidas e singelas palavras a transcrição das grandes festas dos tempos que passaram, festas estas que tinham resplendor e devotamento em cada um chorão da velha guarda, no correr do ano".

Era, como se vê, um correr de ano animado. E isto porque, além dessas oito festas principais — sete do calendário religioso e uma profana, o carnaval —, havia ainda as festas de casamento e batizado (em que era obrigatória a presença dos chorões, ou seja, dos conjuntos de flauta, violão, cavaquinho e oficlide, principalmente), e as serenatas, que eram, nos fins de noite, muitas vezes improvisadas quando as festas acabavam, ou mesmo deliberadamente programadas por algum apaixonado desejoso de fazer a corte à sua amada.

Com o tempo — e isto já no início do século XX — os pequenos conjuntos formados por conhecidos de bairro ou colegas de repartição eram tantos que as festas em determinadas casas começavam a ganhar celebridade pela constância da presença de certos músicos mais afamados, bem como alguns pontos da cidade ou dos bairros entravam a ficar conhecidos como ponto de chorões (tal como na Praça Tiradentes haveria um ponto de músicos).

Alexandre Gonçalves Pinto, para quem as lembranças eram, segundo suas próprias palavras, "transmissores de saudades", recordava os nomes de alguns dos maiores promotores de reuniões musicais do seu tempo de moço, "como eram as festas da casa do Machado Breguedim, na Estação do Rocha", Machadinho, como esse era conhecido, que "era um flauta de nomeada" e cujos "choros organizados em sua residência eram fartos de excelentes iguarias e regados de bebidas finas". Essa abastança o bom Animal a explica pelo fato de Machadinho ser "um alto funcionário da Alfândega" e pela circunstância de, sendo um bom "financeiro", isto é, um bom financista, possuir o talento de economizar em todos os setores da economia doméstica, "para gastar em suas festas, onde reunia os músicos seus amigos".

> "As festas em casa do Machadinho [conta Alexandre] se prolongavam por muitos dias, sempre na maior harmonia de intimidade e entusiasmo e eram dignos de grande admiração os conjuntos dos chorões que se sucediam uns aos outros querendo cada qual mostrar as suas composições e o valor de suas agilidades mecânicas e sopro aprimorado."

Assim, desde logo se pode perceber que, à falta de bailes públicos, onde os melhores instrumentistas pudessem ficar conhecidos do público nas orquestras, ou mesmo sem a presença física, como foi possível posteriormente com o advento do disco e do rádio, os melhores músicos do início do século firmaram a sua fama nessas festas particulares de maior nomeada, correndo a notícia do seu virtuosismo de boca em boca, até firmar-se, espontaneamente, no consenso da população, o seu conceito de grandes tocadores.

Na casa de Adalto, por exemplo, que Alexandre Gonçalves Pinto cita como "pessoa grata e de confiança do Marechal Floriano Peixoto" (o que situa suas festas no fim do século XIX), as "brincadeiras eram realizadas com chorões escolhidos, tomando parte Anacleto de Medeiros, Luiz de Souza, Lica, Gonzaga da Hora, José Cavaquinho, Mário, Irineu Batina, Carramona, Neco, José Conceição, Luiz Brandão, Horácio Teberge, e muitos outros daquela época".

Como primeiro passo para a profissionalização, os chorões começaram a reunir-se mesmo em pontos certos, e o bom Alexandre cita os que havia "no Catete, no Botequim da Cancela, no Matadouro, no Estácio de Sá, na Confeitaria Bandeira, no Andaraí, no Gato Preto e no Botequim Braço de Ouro, no Engenho Velho, no Botequim do Major Ávila, no Portão Vermelho, no centro da cidade, numa vendinha que existia no Largo de São Francisco, esquina da Rua dos Andradas, e na Confeitaria do Chico, que ficava ao lado oposto [sic]".

3.
CHORO:
CRIAÇÃO DE PEQUENOS FUNCIONÁRIOS

Os compositores dos conjuntos de chorões cariocas do fim do século XIX e do início do século XX eram, na sua quase totalidade, representantes da baixa classe média do Segundo Império e da Primeira República.

Essa afirmação pode ser comprovada com o simples levantamento das profissões dos trezentos músicos, cantores, compositores, mestres de bandas e boêmios referidos por Alexandre Gonçalves Pinto no seu livro de memórias *O choro: reminiscências dos chorões antigos*, publicado em 1936.

Através da sucessão de pequenas biografias dos seus velhos companheiros de choros, desde pelo menos 1870 aos primeiros vinte anos do século XX, Alexandre Gonçalves Pinto fornece, ora direta, ora indiretamente, dados identificadores de pelo menos 285 chorões, dos quais cita 80 como tocadores de violão, 69 de flauta, 16 de cavaquinho exclusivamente (ressalvamos *exclusivamente* porque grande parte dos violonistas citados também tocava cavaquinho, eventualmente) e 15 sopradores de oficlide, o quarto instrumento mais popular do choro carioca e que foi o antecessor do saxofone.

Assim, um estudo envolvendo esses quase 300 músicos de choros lembrados pelo memorialista indicou que, dos 128 chorões cuja profissão foi possível determinar, 122 eram funcionários públicos (militares componentes de bandas do Exército ou de corporações locais, e civis empregados de repartições federais e municipais), entrando os Correios e Telégrafos com o maior contingente, ou seja, com 44 desses 128 músicos pequenos funcionários.

Para o estudo que empreendemos — e cujas conclusões sociológicas ressaltaremos a seguir — as memórias de Alexandre Gonçalves Pinto servem perfeitamente para o que os modernos estatísticos chamam de amostragem: o autor do livro foi chorão e boêmio, tal como os seus biografados, e das três centenas de velhos camaradas de que se recordava tinha referências (alguns ele confessa não ter conhecido pessoalmente), conseguiu guardar a lembrança dos empregos de quase a metade deles.

Segundo foi ainda possível comprovar pelas citações do autor de *O choro* — que estava longe de imaginar a utilidade das suas "reminiscências dos chorões antigos" —, depois dos Correios, a instituição de onde mais saíam músicos para os choros cariocas eram as bandas militares.

Tais bandas, cuja influência se estenderia até o advento do disco, quando ainda gozavam da preferência do público no lançamento, inclusive, dos primeiros sambas, eram importantes núcleos formadores de músicos. Havia nessa época, em que as orquestras eram raras, uma infinidade de bandas, e o ardor republicano do período de Floriano Peixoto — é o próprio Alexandre Gonçalves Pinto quem o indica — serviria para ampliar o seu número. Através da enumeração do bom Animal, havia a Banda do Corpo de Marinheiros (de onde saiu Malaquias Clarinete), a do Corpo Policial da Província do Rio de Janeiro (da qual era regente o Alferes Godinho, que nos choros tocava flautim), a da Guarda Nacional (a banda de um dos batalhões foi organizada por ocasião da Revolta da Armada, em 1893, por Coelho Gray, que deixou de queixo caído o oficial que o acompanhava no dia da compra dos instrumentos, ao tirar a escala em cada um deles, para testar a sonoridade), a do Batalhão Municipal, a da antiga Escola Militar, e, principalmente, a do Corpo de Bombeiros (organizada pelo maestro Anacleto de Medeiros com a ajuda de uma grande vara, que brandia ameaçadoramente, à guisa de batuta) e da qual fizeram parte, entre outros naturalmente esquecidos por Alexandre, os chorões Irineu Pianinho (flauta), Irineu Batina (trombone, oficlide e bombardino), o bombardino João Mulatinho e o clarineta Pedro Augusto — que chegaram a contramestre da Banda — e ainda Tuti, Geraldino, Nhonhô Soares e o famoso pistonista Albertino Carramona, que morreria como 2º tenente daquela corporação.

O recenseamento dos nomes citados pelo autor de *O choro*, ao longo de 208 páginas, revelou a presença de 27 chorões do seu conhecimento ligados a essas bandas militares. Isso sem contar como banda militar a do Arsenal de Guerra, integrada por operários daquela repartição da Marinha.

A comprovação de que os conjuntos de chorões se formaram, durante cinquenta anos, com elementos quase que exclusivamente tirados da baixa classe média anterior à Revolução de 1930, no entanto, está nesta significativa soma de dados fornecidos em boa hora pelo hoje tão útil Animal: dos 128 chorões cujos empregos revelou, 31 eram pequenos funcionários públicos federais, principalmente da Alfândega (9), da Central (8), do Tesouro (4), da Casa da Moeda (3), e 13 outros pequenos servidores municipais trabalhando em cargos como os de guarda municipal, chefe de turma da Saúde Pública (Agenor Flauta), feitor de turma (flautista Carlos Spínola, pai de Araci Côrtes) e até, como era o caso do violonista Quincas Laranjeira, na curiosa função de "porteiro de higiene" da Municipalidade.

Fora das repartições públicas, Alexandre Gonçalves Pinto só cita com mais frequência a Light, ao lembrar os nomes de Juca Tenente, que diz ter sido motorneiro (mas se esquece de dizer que instrumento tocava), o cocheiro de bondes de burro Crispim, que tocava oficlide, e o flautista Loló, que era condutor de bondes da Companhia de São Cristóvão, e morreu em consequência de uma pedrada na cabeça, durante a revolta popular contra o chamado "imposto do vintém".

Choro: criação de pequenos funcionários

Em outras atividades como artífices ou empregados de particulares, encontramos apenas um palhaço de circo — o cantor de modinhas e de lundus Júlio de Assunção —, um "oficial de ortopedia" chamado Raul, que tocava flautim, um sacristão da igreja de Santo Antônio, o flautista chamado muito a propósito de Pedro Sacristão, e um vendedor de folhetos de modinhas, o cantor Francisco Esquerdo, que — segundo Alexandre Gonçalves Pinto — fazia a delícia dos passageiros da Central, ao percorrer os vagões dos trens de subúrbio cantando com sua bela voz os últimos sucessos. E, finalmente, fato curioso: o autor de *O choro*, em todo o seu livro, só se refere a um chorão como músico profissional, ao afirmar que ele não tocava sem ser pago: era o tocador de requinta Catanhede, cuja disposição se explica, talvez, pelo fato de os tocadores de requinta serem poucos, de vez que o próprio Alexandre só cita dois — esse Catanhede e outro, de nome Juca Afonso. Isso permitiria ao Catanhede viver ocupado com biscates, tocando em orquestras de teatro.

Nesse campo das curiosidades haveria muita coisa a contar, baseado no livrinho de Alexandre Gonçalves Pinto, mas o importante são as conclusões, do ponto de vista sociológico. Assim, o que devemos depreender dessa coincidência, resumida no fato de a quase totalidade dos chorões do velho Rio de Janeiro ser formada por pequenos funcionários públicos e músicos de bandas?

Isso é o que pretendemos fazer no próximo capítulo, quando procuraremos demonstrar o espírito que presidiu a evolução da música popular carioca até o advento do disco e do rádio, quando uma nova geração de músicos e compositores profissionais apoderou-se desses meios de divulgação para impor ao público um tipo de música muitas vezes — como é o caso da bossa nova — completamente divorciada do gosto popular.

4.
COMO AS REVISTAS, O DISCO E O RÁDIO MATARAM O CHORO

Se os antigos conjuntos de choros no Rio de Janeiro do fim do século XIX e início do século XX eram mesmo coisa de pequenos funcionários — tal como procuramos demonstrar, estatisticamente, com dados colhidos no livro *O choro: reminiscências dos chorões antigos* —, como se explicara, sociologicamente, uma tal coincidência? Vejamos, por partes.

O Rio de Janeiro posterior a 1870 (que é até quando recuam as memórias de Alexandre Gonçalves Pinto) até cerca de 1930 (quando estão morrendo os últimos chorões e, com eles, o choro boêmio) era um Rio de Janeiro ainda muito provinciano. As diversões públicas — como os cafés-cantantes dos remediados e os chamados chopes-berrantes, mais populares — só começaram a aparecer praticamente no início do século XX, quando o rápido processo de urbanização consequente da abolição da escravatura e da formação das primeiras indústrias (criadas com lucros agrícolas r ão reinvestidos e com os capitais liberados pela extinção do comércio de escravos) provocou uma brusca modificação na fisionomia social da cidade. Tais diversões, aliás, representavam já a necessidade de atender a um público novo, que não mais se conformava apenas com a violência anual do entrudo ou com as corridas de touros eventuais do Campo de Santana. Da mesma forma que a modinha algo brejeira do século XVIII se fez sentimental no século XIX por influência das valsas românticas, a fim de atender ao gosto da crescente classe média, outros gêneros de músicas populares europeias começaram também a servir para animar as festas de salão dessa mesma camada, popularizando-se então as polcas, os *schottisches*, as mazurcas, as valsas e as quadrilhas, até que — já preparando a novidade do samba — apareceria o maxixe, o ritmo feito para o requebro que anunciava o advento da mestiçada na sociedade livre, ombro a ombro com os brancos proletarizados.

Assim, é fácil compreender que as festas em casas de família tenham servido durante muito tempo para suprir essa falta de diversões públicas. É ainda o próprio Alexandre Gonçalves Pinto, no seu tão citado livrinho, por ele definido como "crônicas do que se respirava no Rio de Janeiro neste período, desde o tempo do João Minhoca, da Lanterna Mágica, do Chafariz do Lagarto, dos Guardas Urbanos, dos pedestres, até hoje, com as polícias mais adiantadas", quem salienta a importância dessas ruidosas comemorações de casamentos, aniversários e batizados, ao escrever, referindo-se aos choros: "Quem não conhece este nome? Só mesmo quem nunca deu naqueles tempos uma festa em casa".

Ora, quem dava festas em casa, naquele tempo, ou seja, nos últimos anos do século XIX e início do XX? Em primeiro lugar, os que moravam em casas, os que não eram tão miseráveis que precisassem viver nos barracos do Morro de Santo Antônio ou em quartos abafados de cortiços. Eram, pois, as famílias da classe média, de uma maneira geral, que viviam em casas de vilas da cidade ou chalezinhos com quintal nos subúrbios. As festas — chamadas então de pagodes — compreendiam como ponto de honra para o dono da casa o fornecimento de boas comidas, inclusive para os componentes dos choros, citando Alexandre Pinto o caso do carteiro flautista Salvador Marins, que, quando era convidado para tocar, "perguntava logo se tinha pirão, nome que se dava nos pagodes, quando tinha boa mesa e bebida com fartura".

Em um tempo em que ainda não havia nem o disco nem o rádio, os conjuntos de tocadores de flauta, violão e cavaquinho eram, pois, as orquestras dos pobres que podiam contar com um mínimo de disponibilidades. Pelas memórias do chorão Alexandre pode-se verificar, perfeitamente, que os componentes dos choros sentiam-se à vontade nessas festas, o que vale dizer que eram tomados pelos da casa como iguais. Realmente, apenas o fato de possuir um instrumento musical — um violão, um cavaquinho, um oficlide, uma flauta ou um clarinete — representava um poder aquisitivo a que a massa do povo não podia evidentemente alcançar. Acresce, ainda, que as atividades meramente braçais, como eram então as profissões populares de assentadores de trilhos da Central do Brasil, carregadores de fardos do Cais do Porto, cavouqueiros etc., eram incompatíveis com as noitadas em claro dos chorões, que invariavelmente voltavam para casa ao amanhecer, só podendo assim resistir fisicamente devido à relativa suavidade dos seus misteres e horários como servidores públicos e pequenos burocratas.

Essa igualdade de condições econômicas, em uma camada em que a mestiçagem aparecia em larga escala, explica também o fato de não existir qualquer preconceito de cor entre os chorões. O fato de a sua maioria ser constituída por brancos e mulatos claros não resultava de qualquer incompatibilidade com os negros, mas se explicava pela realidade econômica de os pretos — ainda havia pouco escravos — formarem o grosso das mais baixas camadas populares.

A prova está em que, quando por acaso em seu livro Alexandre Gonçalves Pinto se refere ao fato de um chorão ser de cor preta, sente-se que isso se dá incidentalmente, apenas para acrescentar mais um dado à figura do biografado:

> "João da Harmônica era de cor preta, conheci-o em 1880 morando na Rua de Santana nos fundos de uma rinha de galos de briga. Exercia a arte culinária, bom chefe de família e excelente amigo e grande artista musical, conhecido chorão pela faci-

Como as revistas, o disco e o rádio mataram o choro

lidade com que executava as músicas daquele tempo em sua harmônica."

Assim, compreende-se que os conjuntos de choro tenham tido a sua época de esplendor enquanto a atração das revistas, em primeiro lugar, e do rádio e do disco, depois, não vieram diversificar os meios de diversão da gente da classe média, levando-a, inclusive, a participar do carnaval de rua, quando a sua estilização conciliou, nos primeiros anos do século XX, a festa violenta da população com o mínimo de respeito e de boas maneiras capaz de permitir a presença de "pessoas de família".

Após o maxixe, que apagou completamente as polcas e mazurcas (porque as quadrilhas desde logo transformaram-se em dança pitoresca, exclusiva das festas de São João), viria o samba, como a primeira poderosa e avassaladora contribuição da massa popular, impor-se às camadas médias, que dividiram o seu interesse com o da música dos *jazz-bands*, pondo fim à era sentimental dos chorões.

A maioria dos chorões, já velhos, ensacaram seus violões ou meteram suas flautas no baú. Alguns profissionalizaram-se para tocar nas orquestras de cinema e para os teatros de revistas, ou aderiram francamente à novidade dos *jazz-bands*, trocando o oficlide pelo saxofone, num primeiro sintoma de alienação que marcava o advento da influência esmagadora da música popular norte-americana.

De toda a experiência se salvava, afinal, um gênero novo de música popular, o choro, resultado da cristalização daquela maneira lânguida de tocar mesmo as coisas alegres, que foi a maior contribuição dos negros das antigas bandas das fazendas, em combinação com a maneira piegas com que as camadas médias do Rio de Janeiro apreenderam os transbordamentos do romantismo.

MÚSICA DE BARBEIROS:
ESTUDO COM BIBLIOGRAFIA

1.
OS BARBEIROS CARIOCAS

Uma das melhores informações sobre a existência de uma música de barbeiros, no Rio de Janeiro, foi dada há mais de um século pelo romancista Manuel Antônio de Almeida em seu folhetim *Memórias de um sargento de milícias*, publicado no "Pacotilha", o suplemento político-literário do jornal *Diário Mercantil*, de 27 de junho de 1852 a 31 de julho de 1853. Nessa sua divertida novela, passada no velho Rio de Janeiro do início do século XIX, Manuel Antônio de Almeida, dando conta de uma festa de igreja dos 1800, escreve a certa altura:

"Dispuseram-se as coisas; postou-se a música de barbeiros na porta da igreja; andou tudo em rebuliço: às 9 horas começou a festa.

As festas daquele tempo eram feitas com tanta riqueza e com muito mais propriedade, a certos respeitos, do que as de hoje: tinham entretanto alguns lados cômicos: um deles era a música de barbeiros à porta. Não havia festa em que se passasse sem isso: era coisa reputada quase tão essencial como o sermão: o que valia, porém, é que nada havia mais fácil de arranjar-se; meia dúzia de aprendizes ou oficiais de barbeiros, ordinariamente negros, armados, este com um pistão desafinado, aquele com uma trompa diabolicamente rouca, formavam uma orquestra desconcertada, porém estrondosa, que fazia as delícias dos que não cabiam ou não queriam estar dentro de uma igreja."[1]

Uma das festas em que, seguramente desde meados do século XVIII, a música de barbeiros se fazia indispensável era a do domingo do Espírito Santo, que tinha como característico não começar no domingo estabelecido, mas muito tempo antes, quando saíam à rua as Folias recolhendo esmolas.

"Durante os 9 dias que precediam ao Espírito Santo, ou mesmo não sabemos se antes disso [é ainda Manuel Antonio de Almeida quem conta] saía pelas ruas da cidade um rancho de meninos, todos de 9 a 11 anos, caprichosamente vestidos à *pastora*: sapatos de cor-de-rosa, meias brancas, calções da cor do sapato, faixas à cintura, camisa branca de longos e caídos colarinhos, chapéus de palha de abas largas ou forrados de seda, tudo isto enfeitado com grinaldas de flores e com uma quantidade prodigiosa de laços de fita encarnada. Cada um destes meninos levava um instrumento pastoril em que tocavam pandeiro, machete e tamboril. Caminhavam formando um quadrado, no meio do qual ia o chamado Imperador do Divino, acompanhados por uma música de barbeiros, e precedidos e cercados por uma chusma de *irmãos* da opa levando bandeiras encarnadas e outros emblemas, os quais tiravam esmolas enquanto eles cantavam e tocavam."[2]

---

[1] Manuel Antônio de Almeida, *Memórias de um sargento de milícias*, Rio de Janeiro, Imprensa Nacional, 1944, XIX volume da Biblioteca Popular Brasileira do Instituto Nacional do Livro, pp. 84-5.

[2] *Ibid.*, p. 118.

O romancista, que no fundo reproduzia lembranças de sua infância, conta que "apenas se ouvia ao longe a fanhosa música dos barbeiros, tudo corria à janela para ver passar a Folia", circunstância de que se aproveitavam os irmãos da opa para irem "colhendo esmolas de porta em porta".

Esses conjuntos de músicos — saídos da classe dos barbeiros provavelmente pelo fato de constituir tal profissão, na época, uma das poucas atividades urbanas de deixar tempo vago para o aprendizado musical — exibiam-se no domingo do Espírito Santo sobre um *império*. Os impérios eram espécies de coretos armados perto da igreja fronteira à qual se realizava a festa.

Segundo Melo Morais Filho, no seu livro *Festas e tradições populares do Brasil*, publicado no início do século XX, mas, no caso, reportando-se à lembrança de 1853 e 1855, havia nessa época impérios e coretos nas freguesias do Espírito Santo, Santana e Lapa do Desterro: "As músicas de barbeiros, que eram compostas de escravos negros" — conta o autor — "recebendo convites para as folias, ensaiavam dobrados, quadrilhas, fandangos".[3]

Isso se explica. Como a manutenção de escravos, na cidade, tornava-se cada vez mais dispendiosa, os senhores menos abastados faziam os negros aprenderem ofícios (entre os quais o de barbeiros) para que pudessem ganhar o seu sustento, trazendo ainda para casa alguns trocados, que contribuíam para a economia doméstica.

Assim, com relativa liberdade para levar a sua vida, os escravos muitas vezes aprendiam a tocar um instrumento qualquer nas horas vagas, o que desde logo lhes aumentava o valor comercial. Nos anúncios de venda de negros, jamais um se-

---

[3] Melo Morais Filho, *Festas e tradições populares do Brasil*, Rio de Janeiro, H. Garnier Livreiro-Editor, 1901, p. 168.

Os barbeiros cariocas

nhor esquecia de citar o predicado musical do seu escravo, o que o escritor Valentim Magalhães mostraria muito bem no conto "Praça de Escravos", ao representar esta cena de um leilão de negros:

"E diz que é músico também — lembrou o Manduca Lopes, escarranchado sobre uma barrica vazia. — Que diabo é que tocas?
— Toco requinta, sim senhor.
— Pois vai buscar a gaita. Quero ver isso. Se o moleque tiver jeito pra coisa, levo-o. Preciso dele para uma banda que tenho lá na fazenda."[4]

Aí está. Nas fazendas foram as bandas de escravos os avós das atuais *liras* do interior. Na cidade do Rio de Janeiro foi a música de barbeiros mãe do choro, avó do regional profissional do rádio e bisavó dos conjuntos de bossa nova.

Mas, voltando aos barbeiros — cuja música não deixa de figurar, ou menos uma vez, nas comédias de Martins Pena, como se vê em *A família e a festa da roça*[5] — passemos ao depoimento do memorialista carioca Vieira Fazenda. Ao

---

[4] Valentim Magalhães, *Vinte contos*, Rio de Janeiro, A Semana, 1886, p. 98.

[5] Martins Pena, *A família e a festa da roça: comédia em um ato*, publicada da página 69 à página 93 do volume *Comédias*, primeiro da série *Teatro de Martins Pena*, editado pelo Instituto Nacional do Livro em 1956. Na cena V, Martins Pena faz entrar uma "folia do Espírito Santo, trazendo duas violas, um tambor e um pandeiro". Esses foliões se postam ao lado do *império* enquanto — dispõe Martins Pena — "Os barbeiros tocam durante todo esse tempo" (p. 90). Quando o leilão de prendas começa, a música de barbeiros para, mas depois recomeça (p. 91), terminando a comédia com a recomendação do autor, entre parênteses: "(Dançam. Os sinos repicam, *os barbeiros tocam o lundum* e todos dançam e gritam, e abaixa o pano)".

lembrar, em 1896, no artigo "As festas de Natal", incluído nas suas *Antiqualhas e memórias do Rio de Janeiro*, os natais da sua infância (no caso os de meados do século XIX, pois que nasceu em 1847), o Dr. Vieira Fazenda afirmava: "Pouco trabalhavam nestes dias os barbeiros, não por força de postura municipal, mas por não terem tempo de ir à cara dos fregueses", e explicava:

> "Iam tocar nas portas das igrejas em palanques ou coretos preparados.
> As bandas militares nunca saíam para esse fim, era contra a disciplina. Quem não conhecia a música dos barbeiros, agremiação digna de um poema, e que desapareceu com o progredir da civilização? Na minha meninice conheci dois tipos dessa raça de heróis, dois últimos abencerrages que viviam ali na Rua do Carmo, pacata e silenciosamente, contando aos pósteros as suas brilhaturas não só na música, como nas sangrias e aplicação de sanguessugas."[6]

Sempre nesse tom de lembrança, Vieira Fazenda conta que os barbeiros tocavam "flauta, cavaquinho ou rebeca", o que confirma a evolução de tais conjuntos da música barulhenta das bandas para a música intimista dos choros, nasci-

---

[6] Dr. José Vieira Fazenda, *Antiqualhas e memórias do Rio de Janeiro*, série de artigos publicados em jornais de 1896 e 1913 e recolhidos nos volumes 140, tomo 86, de 1919; 142, tomo 88, de 1920 (com segunda edição em 1940); 143, tomo 89, de 1921; 147, tomo 93, de 1923; e 149, tomo 95, reeditado em 1943, todos da *Revista do Instituto Histórico e Geográfico Brasileiro*. Os trechos citados são do artigo "As festas de Natal", publicado pela primeira vez na imprensa em 24 de dezembro de 1896 e no tomo 86, vol. 140 da *Revista do IHGB* de 1919 (editado em 1921), das páginas 62 a 68.

Os barbeiros cariocas

dos exatamente à base de flauta, violão e cavaquinho, quando morria a música de barbeiros.

Sobre os coretos dos *impérios* — *provisórios* (quando constituídos por varanda e escadaria de madeira) ou *permanentes* (quando de pedra e cal, como os da Lapa e do Campo de Santana) —, os músicos barbeiros animavam durante três dias a festa do Espírito Santo, em meio à gritaria alegre dos arrematantes de prendas em benefício das irmandades.

E não era só então que a música de barbeiros se fazia ouvir. Ela estava presente nas procissões, em festas profanas como "a da Serração da Velha, com que na Quaresma os foliões simulavam serrar uma velha no interior de uma barrica, após rumoroso desfile",[7] e mesmo nas solenidades oficiais, a julgar pelo depoimento do oficial da marinha russa Otto Von Kotzebue, que em 1823, a 1º de dezembro, dia da coroação do Imperador D. Pedro I, viu entre as bandas marciais "um regimento cujos músicos não tinham uniformes, mas uma porção de penas de variegadas cores sobre a cabeça e em volta do corpo".[8]

---

[7] Em seu romance As *mulheres de Mantilha,* cuja ação se passa no tempo do vice-rei Conde da Cunha (D. Antônio Álvares da Cunha, o 9º vice-rei do Brasil e o primeiro a residir no Rio de Janeiro), Joaquim Manuel de Macedo descreve, além de várias cenas de entrudo que nunca vimos citadas nos estudiosos do carnaval carioca, cenas de lundu e da festa da Serração da Velha, às páginas 60 a 62 do segundo volume da edição do *Jornal do Brasil,* de 1931: "Onde era possível obter-se música, uma dúzia de tocadores de instrumentos bárbaros, ou capazes de produzir grande ruído, não excluía a banda de música de verdadeiros professores que, durante a marcha da burlesca procissão, alternavam com a orquestra infernal, tocando marchas alegres; onde tanto não se podia conseguir, contentavam-se os folgazões com a orquestra infernal".

[8] "O Rio de Janeiro em 1823, conforme a descrição de Otto Von Kotzebue, oficial da marinha russa", memória de Rodolfo Garcia publicada em 1917 no tomo 80 da *Revista do Instituto Histórico e Geográfico Brasileiro* de 1916, pp. 508-25. O passo citado está na p. 522.

O pintor Debret, que pela mesma época documentou em tantas aquarelas os mais curiosos aspectos da vida carioca, dedicaria, aliás, no capítulo "Lojas de barbeiros", de seu livro *Viagem pitoresca e histórica ao Brasil*, as seguintes palavras ao talento dos barbeiros:

> "Dono de mil talentos, ele [o barbeiro] tanto é capaz de consertar a malha escapada de uma meia de seda, como de executar, no violão ou na clarineta, valsas e contradanças francesas, em verdade arranjadas a seu jeito."[9]

Mais modernamente, a folclorista Marisa Lira citou em vários de seus artigos de jornal a música de barbeiros, que definiu como uma "espécie de filarmônica formada por negros ensaiados na Rua da Alfândega pelo mestre de barbeiros, um tal Dutra", afirmando constituir ela "o ponto de partida da música característica do Estado da Guanabara".[10]

---

[9] Jean-Baptiste Debret, *Viagem pitoresca e histórica ao Brasil*. Tradução e notas de Sérgio Milliet, que se faz responsável por uma falha lamentável: ao final do título "Lojas de barbeiros", remete para a reprodução de uma aquarela de Debret, no volume 3 — que não se encontra em ponto nenhum.

[10] Marisa Lira, "A música popular dos Vice-Reis do Estado da Guanabara", artigo no jornal *Diário de Notícias*, do Rio de Janeiro, de 26 de junho de 1960, na primeira página do caderno dedicado à cidade, por ocasião da mudança da capital para Brasília. A notícia sobre o mestre de barbeiros de nome Dutra, da Rua da Alfândega, e a descrição das vestes dos componentes da música de barbeiros, D. Marisa Lira as colheu em Melo Morais Filho, que no capítulo "A Festa da Glória" do seu livro já citado *Festas e tradições populares do Brasil* escreveu, à p. 231:
"Antes das dez horas da manhã a música de barbeiros marchava, indo postar-se na baixada da igreja. Dessa banda, a principal, era diretor

Os barbeiros cariocas

D. Marisa Lira, que, infelizmente, não costumava citar em seus artigos a fonte das suas informações, esquecendo ainda muitas vezes — como no caso — de situar o assunto no tempo, escreveu também que "as figuras vestiam-se grotescamente. Jaqueta de brim branco, calça preta, ajustada e meio curta, chapéu branco de palha com a copa em funil e abas caídas", acrescentando que "andavam descalços e tocavam as músicas em moda: modinhas, lundus, fados, tiranas, habaneras e fandangos".[11]

"Foi daí — afirma D. Marisa Lira — com os esticados, remeleixos e quebradinhos que a música abrasileirou-se."[12]

Em outro de seus artigos, intitulado "A Glória do Outeiro na história da cidade",[13] a mesma estudiosa, lembrando as romarias à igrejinha do Outeiro, "ao som da apreciada 'música de barbeiros', que executavam as marcas mais em moda", define o grupo como "uma espécie de 'bandinha', de 'charanga', formada de negros, organizados e ensaiados por

---

um certo Dutra, mestre de barbeiros à Rua da Alfândega, que a ensaiava e fardava para as mais ruidosas funções.

Todas as figuras eram negros escravos; o uniforme não primava pela elegância, nem pela qualidade. Trajavam jaqueta de brim branco, calça preta, chapéu branco alto, e andavam descalços. Os que não sabiam de cor a parte, liam-na pregada a alfinetes nas costas do companheiro da frente, que servia de estante.

A procura desses artistas era extraordinária. Ainda na noite antecedente a banda havia acompanhado a procissão de Boa Morte, que saía da Igreja do Hospício, procissão obrigada a irmandades e a anjo cantor, que entoava a quadra: '*Deus vos salve, ó Virgem,/ Mãe imaculada,/ Rainha de clemência,/ De estrelas coroada...*', ao acompanhamento dos barbeiros, que abrilhantavam o piedoso cortejo".

[11] Marisa Lira, artigo citado acima, em notas 10 e 11.

[12] Marisa Lira, "A Glória do Outeiro na história da cidade", artigo da série "Brasil sonoro", in *Diário de Notícias*, do Rio de Janeiro, de 4 de agosto de 1957, suplemento literário, páginas 5 e 6.

[13] *Ibid.*, p. 6.

um mestre Dutra, que aí pelos meados do século XIX morava na Rua da Alfândega". Tais músicos — segundo ainda D. Marisa — "imprimiam a tudo que tocavam, um ritmo estranho, chamado 'ritmo de senzala', que mais não era que o ritmo afro-negro".[14]

"O agrado do povo era justamente por esse requebradinho gostoso, por esse jeitinho original que os barbeiros davam às suas interpretações" — afirmava a folclorista, acrescentando: "Era uma delícia essa bandinha que, sem querer, ia lançando o que mais tarde foi o ritmo brasileiro".[15]

Não sabemos em que documento D. Marisa Lira se baseou para tal afirmação, mas que a tendência da música dos crioulos barbeiros seria essa não há a mínima dúvida, pois que por volta de 1820, numa carta à irmã, moradora em Lisboa, o funcionário português da Real Biblioteca, Luís Joaquim dos Santos Marrocos, criticava o próprio carioquismo do falar, com suas expressões "di cá", "Sinhor di lá", afirmando: "Leve o Diabo semelhante língua: pois num país onde reina a moleza e preguiça, até no falar há sono!".[16] Aliás não era outra coisa que desejava expressar o comediógrafo Martins Pena, quando, em *O juiz de paz na roça*, faz o juiz dizer ao escrivão, que entra com uma viola: "Sr. Escrivão, ou toque, ou dê a viola a algum dos senhores. Um fado bem raspadinho... *bem choradinho*...".[17]

---

[14] *Ibid.*, p. 6.

[15] *Ibid.*, p. 6.

[16] "Cartas de Luiz Joaquim dos Santos Marrocos, escritas do Rio de Janeiro à sua família em Lisboa, de 1811 a 1821", *Anais da Biblioteca Nacional do Rio de Janeiro*, volume LVI, de 1934, editado em 1939. O trecho citado é o da carta número 179, sem data (mas que o tom e os assuntos tratados indicam ser anterior a 1820), publicada à p. 439.

[17] Martins Pena, comédia *O juiz de paz na roça*, p. 44 do volume *Comédias* citado na nota 5.

Os barbeiros cariocas

Essas informações, ao lado de uma ou outra referência ainda mais vaga que se pode respigar, em um trecho ou outro de algum livro sobre a história do Rio de Janeiro, parece constituir quase tudo quanto se sabe a respeito dos grupos de instrumentistas populares que, em linha direta, viriam desde o século XVIII contribuir para uma tradição musical urbana fundada na maneira *chorada* de interpretar as composições do momento.

Tudo através de uma curiosa evolução que, partindo de pobres negros barbeiros, de pé no chão, passaria sucessivamente aos mestiços da baixa classe média do fim do século XIX, conhecidos por *chorões*, e aos músicos profissionais do rádio das três primeiras décadas do século XX, para chegar aos *rapazes bem* dos anos 1960, cultivadores da chamada bossa nova. Longo caminho de ascensão social que explica, afinal de contas, a perda de substância cada vez maior do ritmo original, em favor de uma harmonização internacionalista, que não deixa de constituir uma moderna incapacidade de renovar a música carioca, sem sair da tradição.

2.
OS BARBEIROS DA BAHIA

Pouco mais de um ano depois de aparecido este pequeno estudo sobre a música de barbeiros, a *Revista Brasileira de Folclore* publicou uma pesquisa realizada em Salvador, na Bahia, pela folclorista Marieta Alves ("Música de barbeiros", *Revista Brasileira de Folclore*, nº 17, janeiro-abril de 1967, pp. 5-13), que conclui por uma observação muito importante: esse primeiro fenômeno de aculturação musical urbana dos negros africanos no Brasil só aconteceu no Rio de Janeiro e na Bahia.

Embora fosse comum a formação de bandas nas fazendas do interior, sob patrocínio dos senhores de terra (e houve até o caso especial da orquestra da Real Fazenda de Santa Cruz, organizada por jesuítas no Rio de Janeiro em terras que depois passaram à Coroa),[1] esses grupos instrumentais não

---

[1] Aires de Andrade, no primeiro volume da sua obra *Francisco Manuel da Silva e seu tempo* (Rio de Janeiro, Edição Tempo Brasileiro, 1967, 2 volumes), referente aos anos de 1805 a 1865, cita o italiano Adriano Balbi, que se referiu ao fato de o Príncipe-Regente Dom João ter encontrado uma orquestra na antiga fazenda dos jesuítas, mas duvida da sua existência afirmando, à p. 44: "A documentação existente no Arquivo Nacional sobre a Fazenda de Santa Cruz naquela época está longe de fazer supor que a tradição musical ali iniciada pelos jesuítas tivesse continuado após a expulsão deles do Brasil, havia já quase 49 anos".

Aires de Andrade, no entanto, concorda em que ao menos deveria existir uma "charanga", porque "onde estava o negro estava a música", e divulga dois documentos que tornam isso inegável: a partir de 21 de outubro de 1809, o Conde de Aguiar manda pagar vencimentos atrasados a "Quintiliano José, mestre de música da Real Fazenda de Santa Cruz", e, a

se confundiram jamais com os conjuntos de barbeiros, por duas razões principais: as bandas das fazendas — criadas para glorificação e deleite dos grandes senhores — tinham quase sempre preocupação orquestral e eram ensaiadas por músicos de escola; a música de barbeiros — em boa parte integrada por negros libertos das cidades — era formada por associação de músicos ligados a um *mestre* da *sua* condição, e por isso muito mais capaz de produzir um estilo popular.

Sendo assim — e isso a autora do artigo não chegou a perceber —, apenas Salvador e o Rio de Janeiro poderiam mesmo ver surgir tais grupos de músicos a partir de meados do século XVIII, porque só essas cidades apresentavam um estágio de urbanização bastante adiantado a ponto de permitir o aparecimento de grupos de artífices liberais (no caso os barbeiros) o suficientemente independentes para destinarem algum tempo do seu lazer ao aprendizado de instrumentos musicais.

Esse aspecto, aliás ressaltado no ensaio "Música de barbeiros: estudo com bibliografia", publicado neste livro desde sua 1ª edição, de 1966, que a folclorista Marieta Alves demonstrou desconhecer, é posto em destaque em várias citações com que a pesquisadora baiana informou o seu trabalho. De fato, tanto o médico Dr. José Francisco da Silva Lima, nas suas citadas reminiscências da cidade de Salvador de 1840, quanto Manuel Querino na sua *Bahia de outrora*, não esquecem de mencionar essa circunstância da existência de um lazer só ao alcance do trabalhador urbano, ao afirmar o primeiro que os barbeiros "também cultivavam a música, de

---

23 de fevereiro de 1843, Dom Pedro II manda conceder à viúva Rosa Teresa da Conceição "os mesmos vencimentos e vantagens que pela dita minha Imperial fazenda recebia o seu finado marido", Inácio Pinheiro da Silva, mestre de música daquela Fazenda durante 34 anos, ou seja, desde 1809.

orelha, nas horas vagas", enquanto o segundo lembra que o negro citadino aplicador de sanguessugas, tirador de dentes e cortador de cabelo "nas horas vagas estudava música de oitiva".

Outro característico confirmado pelo pequeno estudo sobre a música de barbeiros na Bahia é o da sua origem de banda popular destinada a animar festas de adro de igreja, o que dava oportunidade aos músicos de chegarem, com o tempo, a sintetizar um estilo em que o público branco descobria já tantas particularidades musicais especificamente negras, que logo passaria a denominar a música de tais conjuntos de "ritmo de senzala", segundo informação da folclorista Marisa Lira.

Quanto aos instrumentos usados pelos músicos barbeiros, a pesquisa da folclorista Marieta Alves, na Bahia, confirma também as informações até hoje obtidas sobre a heterogeneidade do instrumental usado na música de barbeiros do Rio de Janeiro. Tendo apenas o tambor como instrumento obrigatório, pois qualquer música de negro repousa sobre o ritmo de percussão, as seções de sopro e de cordas seriam sempre as mais variadas, por uma razão de ordem econômica: como no Brasil não se fabricavam instrumentos musicais acima do estrito nível artesanal (e por isso só se conheceu no Brasil, até o fim do século XIX, a fabricação de violas), qualquer timbale, rebeca, trombeta e mesmo oboé que chegasse às mãos de um barbeiro, depois de dado baixa como imprestáveis por músicos de orquestra ou de bandas militares, eram julgados bem-vindos pelos aspirantes à iniciação musical. Sendo assim, os conjuntos de música de barbeiros só poderiam mesmo ser chamados depreciativamente de charangas, como de fato o foram até que, a partir de meados do século XIX, a diversificação social verificada já então principalmente no Rio de Janeiro, animando a vida musical da Corte, permitiu fixar o instrumental popular na base da flauta, do ca-

Os barbeiros da Bahia

vaquinho e do oficlide, logo depois completados pelo violão, para formar o conjunto típico de choro em que os mestiços cariocas aproveitariam o legado do "ritmo de senzala".

Seriam de fato esses conjuntos de choro, formados por pequenos funcionários públicos e músicos militares (neste ponto com sua origem explicada também pelo relativo lazer que as suas funções burocráticas lhes permitiam), que estavam destinados a tornar insubsistentes os últimos grupamentos de músicos de corporações — uma vez que eram todos barbeiros — da mesma forma que na Bahia a bem organizada banda de uma senhora abastada, D. Raimunda Porcina de Jesus, matou as músicas de barbeiros de Salvador de 1886 em diante.

A partir daí, a diferença entre o fenômeno de cultura popular simultaneamente ocorrido na Bahia e no Rio de Janeiro estaria em que, enquanto na Corte os negros passavam a sua arte aos conjuntos de tocadores de uma nascente baixa classe média, o amortecimento do processo de diversificação social de Salvador, a partir de meados do século XIX, deixaria o pequeno grupo decadente dos antigos barbeiros liberais sem herdeiros: acima deles estariam agora as bandas militares, os conjuntos bem empresados, como o de D. Raimunda, ou ainda as bandas de músicos profissionais, como as de circo, enquanto abaixo vinha a chusma de brincadores de capoeira e batedores de atabaque em terreiros de xangô, sem qualquer possibilidade ou aspiração de chegar à formação de um conjunto diversificado de sopro, corda e percussão.

3.
A MÚSICA DE BARBEIROS E AS BANDAS
(MILITARES E DE CORETOS)

O nível de informação sobre a música de barbeiros a que se chegou nos dois primeiros ensaios publicados, respectivamente, na 1ª edição do presente livro, em 1966, e na 2ª, em 1969, permitiu ao autor voltar ao tema na virada dos anos de 1991 e 1992 para demonstrar, finalmente, como esse som de negros brasileiros ia inscrever-se na trajetória geral da música instrumental no Brasil, representada na área das camadas populares pelas bandas militares e dos coretos das pequenas cidades. O trabalho, publicado na plaqueta *Os sons do Brasil: trajetória da música instrumental*, editada pelo SESC de São Paulo em dezembro de 1991, é aqui reproduzido.

O primeiro som instrumental destinado ao lazer público das cidades no Brasil — aliás numa época em que ainda não existia música popular como hoje a entendemos — foi pelos meados do século XVIII o da chamada "música de barbeiros". Consequência do processo de urbanização dos dois principais centros do vice-reinado — Salvador, que passava de 21.601 habitantes em 1706 para 37.543 em 1755, e Rio de Janeiro, que saltava de 30 mil em 1763 para 43.376 em 1799 —, a formação de grupos ou bandas de barbeiros músicos vinha atender à inesperada necessidade de diversão para a gente das novas camadas citadinas que começavam a redesenhar a sociedade colonial.

Transformados em fornecedores de música para festas de adro de igreja (a professora Marieta Alves encontrou na Igreja de N. S. da Vitória, na Bahia, recibo de pagamento de

A música de barbeiros e as bandas   153

1750 "por tímbales, trombeta e oboé tocados na véspera da festa"), os músicos barbeiros chegariam ao século XIX compondo não apenas pequenos grupos chamados de "ternos", mas verdadeiras bandas. Talvez como as que, em 1802, o inglês Thomas Lindley, preso por tentativa de contrabando na Bahia, via passar diante do Forte do Mar "em grandes lanchas, tocando pelo caminho rumo às vilas da vizinhança, na baía, para comemorar o aniversário de algum santo ou por ocasião de alguma festa especial". E isto porque, como acrescentava o negociante inglês, eram bandas integradas por "pretos retintos, ensaiadas pelos diversos barbeiros-cirurgiões da cidade, da mesma cor", por sinal já transformados em quase profissionais, conforme dava ainda a entender ao informar:

"E embora numerosos, esses escravos filhos da Harmonia sempre encontram trabalho, não só na maneira que mencionamos, mas também à entrada das igrejas, ou na celebração de festas, onde se postam a tocar músicas alegres, sem levar em consideração as solenidades que se desenvolvem no seu interior."

Essa observação do inglês Lindley quanto a "músicas alegres" não deixa dúvida de que se tratava de sons destinados à diversão do público — o que já constituiria, portanto, música popular —, característica que o médico baiano José Francisco da Silva Lima confirmaria em suas reminiscências (citadas pela folclorista Marieta Alves) ao recordar as bandas de barbeiros ouvidas por ele em 1840:

"Cultivavam a música de orelha, nas horas vagas, e formavam uma charanga, cujas gaiatadas rouquentas atroavam os ares, às portas das igrejas, nas festas e novenas, e em cujo repertório entravam, às vezes, o lundu e algumas chulas populares."

A procura do serviço musical dessas bandas e ternos ia crescer tanto na segunda metade do século XIX (quando até a cerimônia da lavagem da Igreja do Bonfim passou a ser animada pelos ternos de barbeiros), que uma esperta senhora mineiro-baiana chamada Raimunda Porcina de Jesus, conhecida como a Chapadista (por ser proprietária da Chapada Diamantina), teve a ideia de formar uma banda composta exclusivamente por músicos escravos, que ia comprando um a um, com o objetivo expresso de explorar seus talentos e habilidades.

Transformada em verdadeira empresária moderna, dona de banda "com bom mestre, que dizem fôra escravo, era numerosa, dispunha de bom instrumental, grande e variado repertório" — como lembraria José Freire de Carvalho Filho em seu livro *A devoção do Senhor do Bonfim e sua história* —, a Chapadista passou a quase monopolizar os contratos para fornecimento de música em todas as festas públicas de Salvador, o que apressou a decadência da velha música de barbeiros. E com o fim de tais grupos de afro-crioulos amadores, marcou o desaparecimento também do que constituiu certamente o primeiro estilo instrumental de tocar de caráter genuinamente popular e brasileiro, som perdido para o qual, em artigo de jornal de 1957, a folclorista carioca Marisa Lira proporia o nome de "ritmo de senzala".

Com o falecimento de D. Raimunda Porcina de Jesus, a Chapadista, em 1887 — um ano antes da abolição da escravatura —, extinguia-se igualmente com ela o grupo de escravos-músicos-profissionais afro-crioulos brasileiros fornecedores de música popular instrumental para o público urbano, e que já de algum tempo, aliás, vinha sofrendo a dupla concorrência da música das bandas militares e de cada vez

A música de barbeiros e as bandas

maior número de liras e bandinhas locais, que começavam a formar-se em muitas cidades do interior.

Na verdade, embora desde os tempos da Colônia se conhecessem as fanfarras à base de trombetas, charamelas e sacabuxas, e a partir da Independência já começassem a aparecer as bandas militares de caráter mais moderno, foi com a criação da Guarda Nacional, por iniciativa dos grandes proprietários de terras, em 1831, que os músicos fardados passaram a incluir em seus repertórios, ao lado dos hinos-marchas (e mais tarde dobrados), alguns trechos de música clássica e motivos de música popular.

Ora, como a partir de meados dos anos 1800 a recente riqueza do café fazia surgir novas cidades por toda a próspera área do Centro-Sul-Sudeste, principalmente no Vale do Paraíba dos lados fluminense e paulista, a existência da música marcial dos batalhões do Exército, e paramilitar da Guarda Nacional, sugeriu aos civis a criação, nas praças principais desses emergentes núcleos urbanos do interior, do infalível coreto para a música dominigueira de divertimento da população. E seria ainda seguindo o modelo de organização dessas mesmas bandas militares, que logo começariam a formar-se nessas nascentes cidades as pequenas bandas de amadores locais (aliás herdeiras também de uma tradição de bandas de fazendeiros e chefes políticos regionais), para as quais se criaram nomes pomposos como Sociedades de Euterpe (a Euterpe Cametaense, do Pará, é de 1874), Filarmônicas e Liras, e sob as quais se abrigavam os mais talentosos amadores locais, orgulhosos das dragonas, talabartes e platinas das suas fardas de recrutas da arte musical.

Seria o estilo de tocar desses músicos de bandas de coretos que, em processo equivalente ao da criação dos dobrados pelas bandas militares a partir do *pasodoble* tocados como marchas nos desfiles de ida e vinda aos quartéis (e que, por extensão, no caso específico do Recife, daria origem também

156 Música de barbeiros

ao frevo), ia prenunciar, através do remexido da interpretação das polcas-lundu, o aparecimento do maxixe carioca, ainda na década de 1870.

Hoje, quase dois séculos passados, malgrado a decadência do som bandístico pela redução do espaço físico e clima frenético das modernas cidades, a música das bandas militares e a de suas herdeiras civis dos coretos ainda pode mal ou bem ser ouvida. Quanto à música de barbeiros, desaparecida por equivalentes transformações da vida urbana brasileira nos fins do século XIX, constitui, infelizmente, um som que se perdeu. Mas que, ao morrer assim sem memória, talvez tenha passado em espírito à música do choro, através da sobrevivência de algo do seu "ritmo de senzala" dos negros escravos, misteriosamente incorporado à sestrosidade manhosa dos mestiços da baixa classe média carioca, por isso mesmo chamados de chorões.

O CARNAVAL CARIOCA

1.
TRÊS SÉCULOS DE HISTÓRIA

Se os velhos cronistas não se enganam, os cariocas podem dizer que cultivam o carnaval desde a primeira metade do século XVII.

Não é que antes de 1641 a festa fosse desconhecida da pequena cidade de menos de 10 mil habitantes, mas é que nesse ano o Governador Salvador Correia de Sá e Benevides, numa bajulada memorável ao Senhor Rei D. João IV, restaurador do trono de Portugal, promoveu a partir da noite do domingo de Páscoa, 31 de março, um verdadeiro carnaval que durou uma semana.

As festas começaram com uma *encamisada* em que 166 cavaleiros — entre eles o próprio governador — percorreram as ruas vestindo compridas capas brancas e dando vivas a D. João IV. E por tal forma que, sem poderem imaginá-lo, estavam formando naquele momento a primeira Comissão de Frente da história do carnaval carioca, pois que vinham puxando um préstito formado por dois carros ornados com sedas, ramos e flores, "e tão prenhados de música — como dizia um cronista — que em cada princípio de rua parecia que o Coro do Céu se havia humanado".

Embora, pela regra, o carnaval deva cair sempre sete domingos antes da Páscoa, essa primeira semana inteiramente dedicada à folia oficial começou logo firmando o princípio — jamais contrariado posteriormente pelos cariocas — de que nunca é tarde para um bom carnaval.

Na segunda-feira houve *alardo geral*, combates simulados na terça e jogos de canas na quarta. Quinta e sexta-feira, para não fugir às tradições dos carnavais, choveu. No sábado, porém, houve corrida de argolinhas, e domingo — no caso um autêntico domingo gordo, em plena Páscoa — duas companhias integradas pela gente principal da cidade tirou de fino os seus blocos de sujo, mascarando-se e vestindo-se "ao gracioso burlesco".

Também, parece que no século XVII foi só. Já no século XVIII, um maior número de verdadeiros carnavais fora da época ficou na história, datando desse tempo o costume (ainda tão em uso) de se aproveitar da confusão e das máscaras para se acabar com os inimigos. No carnaval de 1711 — precisamente às oito horas da noite de 18 de março — um grupo de mascarados entrou em certa casa da Rua da Quitanda, esquina com a atual Avenida Presidente Vargas, e assassinou o comandante da fracassada invasão francesa de meses antes, João Francisco Duclerc. No carnaval de 1720, outro grupo de carnavalescos desceu do Morro Velho e matou o Ouvidor Martinho Vieira, por ordem do Mestre-de-Campo Pascoal Guimarães — tudo na base da brincadeira.

Carnaval, mesmo, no entanto, foi o de 1786, que coincidiu com as festas organizadas para comemorar o casamento do Príncipe D. João (o futuro D. João VI) com a Princesa Carlota Joaquina.

Pessoas que vinte anos antes, em 1763, haviam assistido à passagem dos carros dos marceneiros e sapateiros, quando das festas pelo nascimento de D. José, primogênito de D. Maria I, concordaram em que jamais se havia visto, no Rio de Janeiro, um desfile de carros alegóricos como o idealizado e executado pelo tenente agregado Antônio Francisco Soares.

Nem mesmo 131 anos depois, quando o Congresso das Sumidades Carnavalescas lançou em seu desfile de 1855 a novidade das Grandes Sociedades, nem aí os cariocas veriam coisa igual. Os préstitos de Soares eram compostos por nada menos de seis carros — de Vulcano, de Júpiter, de Baco, dos Mouros, das Cavalhadas Sérias e das Cavalhadas Jocosas — e todos feitos, segundo o autor, "de arquitetura, perspectiva e fogos".

Milhares de cariocas assistiram aos acontecimentos mais extraordinários, nesse ano em que as festas duraram de 2 a 4 de fevereiro e ainda continuaram a 28 de maio: o carro de Vulcano — à frente do qual uma serpente vomitava chamas — representava uma montanha em que se via o deus da mitologia latina forjando seus raios, e levava dentro, oculta, "uma musa vestida à trájica, executando harmonias". O de Júpiter era puxado por uma grande águia com a coroa imperial na cabeça. O dos Mouros levava atrelados os cavalos do próprio Vice-Rei D. Luís de Vasconcelos de Sousa. O das Cavalhadas Sérias tinha cinquenta palmos de altura e era ladeado por 24 cavaleiros "das mais nobres famílias". O das Cavalhadas Jocosas ia acompanhado por figurantes montando burros, todos vestidos de doutores. E havia ainda — sucesso total — a surpresa do Carro de Baco, que ao chegar ao ponto final do desfile, no Passeio Público, começou a jorrar o vinho por três repuxos, diretamente na goela dos interessados.

Nos anos em que nada havia de extraordinário para comemorar, os cariocas participavam, na época normal, da espécie de vale-tudo que se denominava entrudo, palavra vinda da expressão latina *introitus*, designativa da primeira parte das cerimônias litúrgicas da quarta-feira de cinzas. Durante os séculos XVII e XVIII, os maiores foliões foram os estudantes do Colégio dos Jesuítas, do Monte do Descanso (depois do Castelo, o mesmo que, arrasado, deu lugar à Esplanada do Castelo). Os alunos dos jesuítas, segundo as informações, eram grandes organizadores de passeatas e, de certa feita, consta que o enredo do seu desfile obedeceu ao sugestivo tema das Onze Mil Virgens, não faltando para a alegria dos olhos "mascarados, fantasias e até alegorias".

Três séculos de história

No século XIX, com o rápido crescimento da população do Rio de Janeiro — que no início da República, em 1890, já alcançava 522.651 habitantes —, a massa dos foliões seria engrossada pelos negros e mestiços: primeiro como escravos, depois como trabalhadores ou componentes da legião dos excedentes de mão de obra de onde sairia a figura do malandro carioca.

O entrudo era brutal. Pouca gente das camadas médias da população tinha coragem de sair à rua durante o carnaval, tal era a violência dos jatos de água disparados de grossas seringas de metal, e a porcaria das tinas de detritos vazados do alto das janelas.

Assim, foi para que também as pessoas "de boa sociedade" pudessem participar da brincadeira, que em 22 de janeiro de 1840 se realizou no Rio o primeiro baile de máscaras: o baile do Hotel Itália, no Largo do Rossio, no mesmo local em que se ergueria depois o Teatro São José, hoje Cinema São José, na Praça Tiradentes. Nesses tempos pioneiros a entrada custava dois mil-réis, com direito ao *buffet*.

Paralelamente, a polícia, pressionada pelo moralismo das "famílias", voltava-se cada vez mais contra o estilo de brincadeira do grosso do povo, no sentido de abolir o entrudo.

O ideal das pessoas finas, nessa época em que o próprio Imperador D. Pedro II não desprezava atirar os seus limõezinhos-de-cheiro, esborrachando-os nas costas das irmãs, no Paço de São Cristóvão, era o carnaval veneziano, cuja delicadeza seria simbolizada na criação do confete.

A primeira vitória seria alcançada com o desfile, em 1857, do préstito das Sumidades Carnavalescas, logo seguido do da União Veneziana e, a partir de 1858, dos Zuavos, atraindo a atenção da própria família imperial, que vinha do Paço para aplaudir "a rapaziada alegre".

Esse momento do meado do século XIX, em que um carnaval de estilo europeu anunciava o aparecimento de uma classe média moderna, lançando-se à rua lado a lado com o entrudo cultivado pelas camadas mais baixas, foi o instante dialeticamente mais rico da história da grande festa da cidade. A tal ponto que, pouco depois, nos primeiros anos do século XX, haveria praticamente três carnavais no Rio de Janeiro, desenvolvendo-se no maior exemplo de coexistência pacífica já verificado no quadro das diferenças sociais: o da "gente bem" nos grandes clubes (o High Life surgiria em 1908) e nos corsos, à base da novidade dos automóveis conversíveis; o dos remediados na Rua do Ouvidor e, depois, na Avenida Rio Branco; e, finalmente, o dos pobres no jardim da Praça Onze, destruído na década de 1940 para dar passagem à Avenida Presidente Vargas.

O exemplo de organização das Grandes Sociedades começou a influir nas comunidades de carnavalescos pobres e, assim, aproveitando o esquema das procissões, já paganizadas no folclore, surgiram primeiro os ranchos, depois os cordões, depois os blocos e, finalmente, as escolas de samba, resumindo a soma de todas as experiências.

A diversificação das atividades urbanas, destruindo a homogeneidade dos grupos de "rapazes" responsáveis pelos Grandes Clubes, levou à decadência das Sociedades. O aparecimento do rádio e do cinema relegou ao segundo plano o teatro de revista, no papel de lançador das músicas especialmente produzidas para o carnaval, outra novidade surgida no fim do século.

Os chamados grandes bailes ficariam, até a década de 1980, reduzidos aos do Teatro Municipal e do Copacabana (grande parte do *society* fugia para o clima ameno das serras e das estações terminais), divertindo-se o grosso da classe média e mesmo do povo ao som das orquestras de salões, abertos exclusivamente para bailes de carnaval.

As camadas mais pobres — moradores nos morros e nos subúrbios distantes — descentralizariam o carnaval no Rio de Janeiro, fazendo famoso, por exemplo, o carnaval de Madureira, ou passariam a desfilar pelas ruas apenas nas escolas de samba ou nos blocos feitos para dar *shows* ambulantes, como os do Bafo da Onça e do Cacique de Ramos. Até que, a partir da década de 1990, ficou mais chique ir brincar o carnaval atrás dos trios elétricos na Bahia, ou nas ladeiras de Olinda, em Pernambuco.

2.
CARNAVAL DA PRAÇA ONZE

A famosa Praça Onze, imortalizada em 1942 no samba de Herivelto Martins e Grande Otelo que dizia:

Vão acabar
com a Praça Onze
Não vai haver
mais escolas de samba,
não vai...

foi realmente um curioso reduto do carnaval carioca, mas sua verdadeira importância jamais foi posta em evidência.

Sempre lembrada de forma idealista, como no samba citado,[1] mesmo os historiadores da cidade nunca lhe dedicaram muita atenção. Na sua *História das ruas do Rio de Janeiro*, o Sr. Brasil Gerson — que é quem mais se demorou na sua

---

[1] O samba "Praça Onze", dado como de Herivelto Martins e Grande Otelo, foi lançado pelo cantor Castro Barbosa no concurso de músicas para o carnaval promovido pela Philips na antiga Rádio Clube do Brasil PRA-3. A gravação seria feita pelo Trio de Ouro, integrado pelo casal Herivelto Martins e Dalva de Oliveira e por Nilo de Oliveira. A letra completa do samba é a seguinte: "Vão acabar com a Praça Onze/ Não vai haver mais escolas de samba,/ Não vai./ Chora o tamborim!/ Chora o morro inteiro/ Favela! Salgueiro!/ Mangueira! Estação Primeira!/ Guardai os vossos pandeiros, guardai/ Porque a escola de samba não sai/ (Bis)/ Adeus, minha Praça Onze, adeus!/ Já sabemos que vais desaparecer./ Leva contigo a nossa recordação,/ Mas ficarás eternamente em nosso coração./ E algum dia nova praça nós teremos,/ E o teu passado cantaremos".

descrição — não chega a lhe dedicar um capítulo, referindo-se a ela duas ou três vezes, ao falar da Cidade Nova.[2]

Vinte anos depois de ter desaparecido, para permitir o prolongamento da Avenida Presidente Vargas até o início do Canal do Mangue, a Praça Onze se transformou quase em lenda, sugerindo à geração de após-guerra algum lugar de mistério, onde teria em um tempo remoto nascido o carnaval.

Na verdade, a Praça Onze de Junho — assim chamada a partir da Guerra do Paraguai, em lembrança da Batalha do Riachuelo — mereceu o nome de praça durante bem poucos anos.

De meados do século XVIII a meados do século XIX, quando foi aberto o Canal do Mangue, a Praça Onze foi o Rossio Pequeno (o Rossio Grande era a Praça Tiradentes): um lugar de servidão, junto aos mangues, onde a população lançava os seus detritos. Urbanizado em 1846, o Rossio Pequeno deixou de ser um simples capinzal maltratado, para transformar-se em um jardim plantado de casuarinas, tendo ao centro o chafariz que obedecia mais ou menos ao risco original do arquiteto Grandjean de Montigny, e que hoje se encontra no Alto da Boavista.[3]

---

[2] Brasil Gerson, *História das ruas do Rio de Janeiro*, Rio de Janeiro, Editora Sousa, sem data, 3ª edição. Fala da Praça Onze sob a epígrafe "A Cidade Nova", da página 187 à página 191. As referências à praça são a reedição do que o autor já havia escrito em *O Jornal* de 27 de abril de 1952 sob o título "A falecida Praça Onze", dentro da sua série de artigos intitulada "Histórias das ruas do Rio".

[3] Adolfo Morales de los Rios Filho, em seu *O Rio de Janeiro imperial*, Rio de Janeiro, Editora A Noite, 1946, dá o chafariz como colocado no Rossio Pequeno em 1840, na página 22. Já na página 79, tratando do abastecimento de água, dá o início das obras do chafariz em 1846, o que é o certo. E acrescenta: "No momento em que escrevemos — julho de 1943 —, o chafariz foi transportado para a Floresta da Tijuca, pois a sua re-

A Praça Onze não era ainda, entretanto, o ponto de reunião dos foliões do tempo, durante o carnaval. As populações pobres, que são, em última análise, as que fazem o carnaval de rua, ainda não tinham vindo transformar em casas de habitação coletiva os vastos casarões construídos pela burguesia dos meados do século. Essas camadas da população — constituídas, até os últimos anos do Império, de negros e mestiços, na sua maioria baianos ou descendentes de baianos — viviam para os lados da Saúde, e convergiam para o centro da Cidade Velha, seguindo a Rua da Imperatriz (hoje Camerino).

Ora, a Rua da Imperatriz os levava diretamente ao Largo de São Domingos (hoje leito da Avenida Presidente Vargas, altura da Avenida Passos), e era aí que tinha lugar a maior atração do carnaval: o concurso dos primeiros ranchos, ainda tão presos à sua raiz folclórica, que o desfile se fazia diante da "lapinha", conservada por uma baiana, a Tia Bebiana.[4]

Assim, pode-se dizer que a Praça Onze só teve a sua vez quando as chamadas grandes obras do Prefeito Pereira Passos, valorizando comercialmente o centro da Cidade Velha,

---

moção se impunha em virtude da abertura da Avenida Presidente Vargas". À página 48, tratando da arborização da cidade, o autor ainda informa: "Grandjean de Montigny, ao projetar o belo chafariz que ali ficou erguido em 1846, concebeu cercar o vasto retângulo, em cujo centro o mesmo estava colocado, por uma corrente de ferro apoiada, de espaço em espaço, em frades de pedras. Pois bem, no interior desse cordão de isolamento, porém, aberto nas suas quatro faces, foram plantadas belíssimas casuarinas, destruídas mais tarde". O autor deixa, no entanto, de observar que o desenho original do arquiteto francês sofreu modificações por parte dos construtores, na sua execução.

[4] Tia Bebiana morava em uma casa da Rua da Alfândega, fronteira ao Largo de São Domingos, que ficava exatamente entre as ruas General Câmara e de São Pedro, desaparecidas ambas quando da abertura da Avenida Presidente Vargas.

Carnaval da Praça Onze

empurraram a população pobre para os lados da Cidade Nova, ao norte do Campo de Santana.[5]

O exemplo da baiana Tia Ciata, na casa de quem tanta gente repete que o samba nasceu, é a esse respeito concludente. Moradora na Rua da Alfândega, 304, desde sua chegada de Salvador, nos primeiros anos da década de 1870, ela se mudaria em inícios do século XX sucessivamente para as ruas da Cidade Nova como as de São Diogo (hoje General Pedra) e dos Cajueiros, para finalmente fixar-se na casa que se tornaria famosa na história do samba carioca: a do número 117 da Rua Visconde de Itaúna — em frente à Praça Onze de Junho.[6] Paralelamente a esse fenômeno de migração populacio-

---

[5] Lima Barreto, em seu livro *Numa e Ninfa*, editado no Rio de Janeiro em 1915, conta da página 20 à página 22 como era a Cidade Nova no início do século XX, ao escrever que seu personagem Lucrécio "morava na Cidade Nova, naquela triste parte da cidade, de longas ruas retas, com uma edificação muito igual de velhas casas de rótula, porta e janela, antigo charco, aterrado com detritos e sedimentos dos morros que a comprimem", etc. Após lembrar que "A Cidade Nova de França Júnior já morreu, como já tinha morrido a do 'Sargento de Milícias' quando França escreveu", Lima Barreto salienta, explicando a realidade daquela primeira década do século: "As mesmas razões que levaram a população de cor, livre, a procurá-la, há sessenta anos, levou também a população branca necessitada, de imigrantes e seus descendentes, a ir habitá-la também". O autor lembra a seguir, referindo-se aos seus moradores, que, "em geral, era e ainda é, a população de cor, composta de gente de fracos meios econômicos, que vive de pequenos empregos; tem, portanto, que procurar habitação barata, nas proximidades do lugar onde trabalha, e veio daí a sua procura pelas cercanias do aterrado". Os historiadores só têm a ganhar lendo Lima Barreto.

[6] Brasil Gerson, no seu livro citado na nota 2, é um dos que afirmam, baseado nas pesquisas de Almirante para a sua *História do Rio pela música*, que "o samba nasceu numa das alegres reuniões que em sua casa, no nº 117, já posta abaixo, realizava a baiana Tia Ciata, que tinha às suas ordens o rancho de pastorinhas 'Rosa Branca'". O número 117 era ao lado esquerdo do edifício da Avenida Presidente Vargas, esquina da Rua de

nal, um acontecimento da vida da cidade ia contribuir, de maneira curiosa, para situar a Praça Onze como o reduto definitivo do carnaval realmente popular. A abertura da Avenida Central (Avenida Rio Branco), construída em plena euforia do *slogan* "O Rio civiliza-se", estava destinada a polarizar para o seu asfalto o carnaval mais bem comportado da classe média e das elites, com suas fantasias estilizadas[7] e, já a partir do segundo decênio do século XX, com o seu corso fabuloso, em que as meninas de boa família podiam se divertir sob as vistas diretas dos papais, atirando serpentinas do alto das capotas dos velhos fordes-bigodes.[8]

Era o início da separação ostensiva do carnaval pelas classes que começavam a diversificar-se, depois do aparecimento das primeiras indústrias e da multiplicação dos novos serviços públicos, como os de bondes, luz e gás, principalmente.[9]

Santana, conhecido por "mula manca" ("Não importa que a mula manque/ o que eu quero é rosetar", dizia a marchinha carnavalesca, e daí o apelido do edifício, por motivo que não é difícil adivinhar). Aliás — e em tempo — o "Rosa Branca" não era de Pastorinhas. Era mesmo de carnaval.

[7] Em sua seção dominical do jornal *Correio da Manhã*, "No Rio, há 50 anos", Sousa Rocha escrevia em 24 de fevereiro de 1963, lembrando o carnaval de 1913 em artigo intitulado "O carnaval da Carabu", ter sido aquele "o carnaval em que triunfou, sobre as tradicionais fantasias de 'velho', de 'morcego', de 'caveira' e de 'diabinho', a fantasia sumária e limpa de 'marinheiro'". Coincidência: o carnaval de 1913 seria também o que marcaria a transferência da "lapinha" da casa de Tia Bebiana, no Largo de São Domingos, para o Passeio Público, onde os ranchos — tal como as escolas de samba hoje em dia — iam transformar-se em espetáculo curioso para turistas grã-finos, oferecendo a fábrica de cerveja Hanseática um bronze ao vencedor do desfile.

[8] O escritor Marques Rebelo fixou esse espírito romântico dos corsos no conto "Carnaval de 1926", escrito especialmente para o número de carnaval da revista *Senhor* do ano de 1963.

[9] Essa mudança do panorama social do Rio de Janeiro, acelerada a partir da segunda metade do século passado, foi admiravelmente captada

E tanto isso é verdade que, em 1932, concluídas as grandes obras responsáveis pela dualidade de carnavais — o dos pés descalços na Praça Onze, o da classe média na Avenida Rio Branco —, o *Jornal do Brasil* poderia publicar em sua edição de 9 de fevereiro uma notinha em que o redator comentava: "O carnaval da Praça Onze é privativo da Cidade Nova. E tem, por isso, atrativos e motivos exclusivamente seus".

Esses "atrativos" e "motivos" exclusivos do carnaval da Praça Onze não eram nada mais nada menos do que o resultado das diferenças oriundas da condição social dos seus foliões — os pretos, mestiços e brancos mais humildes, residentes nas cabeças-de-porco do Centro, nas casinhas de porta e janela da Saúde, da Gamboa, Santo Cristo e Cidade Nova, os suburbanos pioneiros da zona da Central e os primeiros moradores das favelas, surgidas com o súbito adensamento da população urbana a partir do início do século XX.

Que a massa dos carnavalescos que se concentravam na Praça Onze era muito diferente da que se divertia nos bailes de máscaras, no corso e no asfalto da Avenida, parece não haver dúvida. Basta dizer que foi em sobrados fronteiros ou vizinhos da Praça Onze que nasceram as primeiras gafieiras do Rio de Janeiro. Na sede de um desses pequenos clubes, o Triunfadores Carnavalescos, situado na própria Praça Onze, seria mesmo realizado, em 1931, um baile pré-carnavalesco cujo convite impresso dizia textualmente:

---

por França Júnior em um dos seus folhetins para a *Gazeta de Notícias*, exatamente há um século. Em seu folhetim intitulado "*Bonds*", França Júnior afirma que "cada bairro do Rio tem a sua feição especial", e acrescenta "O morador do Caju não se parece com o do Rio Comprido ou Tijuca, o do Engenho Velho difere do de São Cristóvão, e o do Saco de Alferes tem hábitos diversos dos da gente de Botafogo". O autor acentua, então, que "as linhas de *bonds* tornam bem sensíveis estas diferenças".

"Triunfadores Carnavalescos — Praça Onze de Junho, 55 — Surpreensivo baile a fantasia — Haverá uma surpresa — Quinta-feira, 16 de janeiro de 1931 — Em benefício de Belisário Joaquim Rodrigues que se acha preso e sem recursos para sua defesa. O beneficiado pede o auxílio de seus amigos e camaradas para este benefício e desde já agradece — A Comissão."

O *Jornal do Brasil*, que transcrevia o texto do convite como um sinal dos tempos para criticar o descaso da polícia na repressão aos criminosos, explicava que o Belisário do convite, no caso, estava preso por ter assassinado um motorista no botequim da Rua do Lavradio, esquina de Visconde do Rio Branco.

E era ainda o mesmo redator quem contava que, nesse clube Triunfadores Carnavalescos, um certo Vicente Leôni matara um dia sua amante em pleno salão, suicidando-se em seguida com duas balas na cabeça, sem que isso prejudicasse o ritmo da festa propriamente dita, pois — afirmava — "o maxixe macabro continuou até o raiar do dia".

Pelo que se pode perceber, se isso acontecia antes do carnaval, em clubes com entrada paga, do tipo "hum mil e cem" (mil-réis da entrada e cem réis para guardar o chapéu), muito mais feroz deveria ser a festa no quadrado propriamente dito da praça, para onde convergiam cordões de bloco de todos os pontos da cidade.

Pelos nomes de alguns dos antigos cordões que, na década de 1920, deixaram seu nome no carnaval da Praça Onze, pode-se levantar, hoje, a sua procedência: Flor do Caju, Teimosos de São Cristóvão, Infantes do Barroso (ladeira com início na Ladeira do Faria e fim no Morro do Livramento), Flor do Itapiru, Rainha do Estácio, Prazer de São Carlos (o morro vizinho do Estado que foi o primeiro morro a ser habitado por população proletária), Estrela do Engenho Velho, Castelo de Ouro (o Morro do Castelo era ainda um núcleo de população da cidade: quase quinhentos prédios recenseados ao começar sua demolição, em 1921), Prazer da Glória, Paladinos do Castelo, Silenciosos das Laranjeiras, Relâmpago do Mundo Novo (morro situado em Botafogo com entrada pela Rua Assunção), Estrela de Botafogo, Destemidos do Humaitá, Rei da Babilônia (o morro que olha para o Leme), Prazer do Leme e Flor da Gávea — este indicando, como se vê, o ponto extremo da geografia do carnaval no alvorecer de 1930.

Segundo relato pessoal do Sr. Alfredo Costa, da Escola de Samba Império Serrano, os cordões e os blocos — dos quais foi um dos pioneiros, com o seu Felismina, Minha Nega, fundado em 1907 — iam disputar na Praça Onze para os seus estandartes as coroas oferecidas pelos donos de casas funerárias da Rua Senador Eusébio e Praça da República.

Era assim. Os cordões iam passando. Os donos das funerárias, sentados com as famílias em cadeiras na calçada, recebiam a homenagem dos porta-estandartes, que se exibiam numa parada, como fazem as escolas de samba diante do palanque da comissão julgadora. Se o comerciante gostava do cordão, fazia um aceno. O estandarte era abaixado, e ele enfiava na ponta uma pequena coroa. Assim, quando esses blocos de foliões apareciam no quadrado da Praça Onze, vinham já exibindo a maior ou menor quantidade de coroas conquistadas.

Era quando estalavam brigas memoráveis, não sendo raros os casos em que os donos das casas funerárias vinham a reconhecer em alguns dos seus fregueses do dia seguinte os mesmos que na véspera haviam coroado para morrer.

Muito semelhantes na sua estrutura aos ranchos, que até 1912 continuavam a concentrar-se no Largo de São Domingos, os cordões incluíam as figuras dos palhaços de dança, dos caboclos, dos velhos, do rei e da rainha, do rei dos diabos e dos caramurus. Seu instrumental resumia-se ainda ao conjunto de percussão — caixa, surdo, tarol e bumbo — brandido no velho estilo do zabumba, isto é, na base da marcação de cadência monótona, sem a malícia rítmica que depois os conjuntos de escolas de samba lhe emprestariam, através, principalmente, da incorporação do tamborim e da frigideira.[10]

O ponto alto do carnaval da Praça Onze era ao fim das tardes de domingo gordo, quando esses grupamentos de foliões dos bairros começavam a chegar, trazidos pelos trens da Central, ou pelos bondes da Zona Sul até a Galeria Cruzeiro (hoje Edifício Avenida Central), e da Zona Norte até ao Largo de São Francisco e a Praça Tiradentes.

Aí, em meio a verdadeiro caos rítmico que se formava no centro da praça, e junto à balança de carga existente atrás da Escola São Sebastião, na sua face norte, os primeiros compositores do meio radiofônico foram aprender a batida que corrigiria o vício do maxixe, de que o samba dos pioneiros, tipo Sinhô, jamais chegou a se libertar.

Seria ainda, então — e principalmente em face do aparecimento das primeiras escolas de samba, indicadoras da

---

[10] João do Rio, em seu livro *A alma encantadora das ruas*, publicado exatamente por essa época, faz o elogio dos cordões em uma crônica que leva exatamente o título de "Cordões", e, criticando "os préstitos idiotas de meia dúzia de senhores que se julgam engraçadíssimos", escreveu: "Mas o carnaval teria desaparecido, seria hoje menos que a festa da Glória ou do bumba-meu-boi se não fosse o entusiasmo dos grupos da Gamboa, do Saco, da Saúde, de São Diogo, da Cidade Nova, esse entusiasmo ardente, que meses antes dos três dias vêm queimando como pequenas fogueiras crepitantes", etc. João do Rio recenseava mais de duzentos cordões da Urca ao Caju, dizia-nos, originados da festa de N. S. do Rosário ("a coroação de Senhora do Rosário passou ao cordão de Velhos"), e refere-se ao "batuque confuso, epilético, dos atabaques, 'xequedés', pandeiros e tambores, os pancadões dos bombos, os urros das cantigas berradas para dominar os rivais, entre trilos e apitos, sinais misteriosos cortando a zabumbada delirante" etc.

Carnaval da Praça Onze

presença das populações das favelas recentemente formadas —, que nasceria a lenda do samba nascido no morro.

Tal como o futuro viria comprovar, no entanto, a partir do estabelecimento da ditadura da divulgação por meio do disco e do rádio, de fins da década de 1930 em diante, a influência dos moradores dos morros — herdeiros em linha direta da batida africana dos negros da Saúde — se reduziria à fixação do ritmo básico do samba de carnaval.

O samba, mesmo, como gênero de música popular, seria inegavelmente o criado por compositores da classe média, através da fusão do maxixe e da música dos choros, com o ritmo dos instrumentos de percussão manejados pelos negros.[11] E a maior prova está em que, quando em 1942, após meio século de glórias carnavalescas, um segundo plano de grandes obras implicou o seu desaparecimento, seria um compositor da classe média típico do meio radiofônico quem iria imortalizar a Praça Onze, gravando um samba destinado a ficar para a memória do velho reduto do carnaval carioca, como uma daquelas coroas oferecidas pelos comerciantes das casas funerárias aos verdadeiros foliões, que se preparavam para morrer:

> Vão acabar
> com a Praça Onze
> Não vai haver
> mais escolas de samba,
> não vai...

---

[11] Esta afirmação foi feita, pela primeira vez, pelo autor deste livro na série de estudos que publicou no *Jornal do Brasil*, sob o título geral de "Primeiras lições de samba", de 22 de dezembro de 1961 a 10 de agosto de 1962, e em conferência realizada no auditório da Faculdade Nacional de Filosofia na noite de 21 de agosto daquele ano, como parte do Seminário de Música Popular organizado pelo Diretório Acadêmico, Centro de Estudos de História e Centro de Estudos e Pesquisas Sociais da FNFi.

3.
O BONDE NO CARNAVAL

O aparecimento dos bondes — substituídos desde a década de 1960 pelos ônibus e pelo metrô — provocou a partir de meados do século XIX uma revolução nos costumes cariocas.

Na sociedade ainda patriarcal, onde um velho costume português herdado dos árabes cercava de mistério a vida em família, o bonde puxado inicialmente a cavalos, e depois a burros, surgiu na manhã de domingo, 30 de janeiro de 1859, como um perigoso elemento desagregador.[1]

---

[1] Em reportagem de página inteira, publicada sem assinatura no "Caderno B" do *Jornal do Brasil* de 14 de maio de 1963, por ocasião da retirada dos bondes da Zona Sul, o jornalista Sérgio Cabral aponta essa data como definitiva ao escrever: "Na América do Sul foi o Rio de Janeiro a primeira cidade a cuidar do melhoramento. O primeiro bonde puxado a burros que aqui trafegou foi da Companhia de Carris de Ferro, da Cidade a Boa Vista, na Tijuca, na manhã de domingo do dia 30 de janeiro de 1859 — e não, como por equívoco, informam alguns dos nossos historiadores, em 9 de outubro de 1868 —, data em que se inaugurou a primeira linha da Cidade até o Largo do Machado, da Ferro Carril do Jardim Botânico, hoje Junta de Administração Provisória dos Bondes da Zona Sul, na época Botanical Garden Rail Road Co.". O jornalista, então funcionário do Departamento de Relações Públicas da Light, e baseado em documentos e bibliografia da própria empresa, ilustrou sua reportagem com um desenho que afirmava reproduzir a figura do primeiro bonde: no desenho, o bonde, mais semelhante a uma diligência do Oeste americano sobre trilhos, não é puxado por burros, mas por uma parelha de cavalos. Segundo Brasil Gerson na *História das ruas do Rio de Janeiro*, a empresa se chamava "Companhia de Carris da Tijuca" e o seu proprietário era o médico homeopata escocês Thomas Cochrane, sogro de José de Alencar. Na reportagem inti-

No princípio, enquanto existiam apenas os carros pesados e feios dessa primeira empresa, a Companhia de Carris de Ferro, da Cidade a Boavista, na Tijuca, ainda não foi nada. Mas quando apareceram os bondinhos do americano Grenough, da Botanical Garden Rail Road Company, a de outubro de 1868, aí é que foram elas.[2]

Embora a viagem inaugural, da esquina das ruas Gonçalves Dias e Ouvidor ao Largo do Machado, tenha contado com a presença do próprio Imperador D. Pedro II, o certo é que "os carros tirados por animais sobre trilhos de ferro" iriam promover uma alteração mais funda no conceito burguês da família carioca do que o *Manifesto comunista* de 1848.

Os bondinhos de suave sacolejo (os trilhos não eram ainda assentados sobre dormentes, e se deformavam com facilidade) vinham, com sua capacidade para trinta passageiros, substituir as pesadas e trepidantes gôndolas de bancos laterais, com lotação para nove pessoas, puxadas por parelhas de bestas.

Os carros da Botanical Garden, como eram chamados, cobravam o preço único de duzentos réis, possuíam acolhedoras plataformas para oito pessoas em pé e, a partir de 1870, seriam acrescentados dos chamados carros abertos para fumantes, de oito assentos transversais (quatro em cada banco), e dos mistos, para carga e passageiros.

---

tulada "Carregando um século de história o bonde chega ao fim da linha", Sérgio Cabral comete outros pequenos equívocos, tal como o de dar o bonde Alegria como da linha 53, quando ao tempo do samba citado, 1944, era da linha 56.

[2] A história da Botanical Garden Rail Road Company foi definitivamente contada por outro funcionário da Light, o Dr. Charles J. Dunlop (depois funcionário da Cobast), no livro intitulado *Apontamentos para a história dos bondes do Rio de Janeiro*, editado em 1953 pela Gráfica Laemmert Ltda., do Rio de Janeiro.

Foi aí que se deu a revolução. A nova condução, atingindo rapidamente os mais diferentes bairros, era um convite ao passeio nas noites quentes e aos domingos.

O cronista França Júnior, escrevendo em 1876 um dos seus folhetins na *Gazeta de Notícias*, sob o título *"Bonds"*, foi o primeiro a salientar essa transformação social provocada pelos bondes, principalmente na área da classe média.[3] Segundo França Júnior, até o aparecimento do bonde, oito anos antes de sua crônica, um pai de família saía de casa às 9 da manhã, às 3 passava de volta ao lar pela Rua do Ouvidor, sobraçando seus embrulhos, e meia hora depois estava em casa, onde a família o esperava reunida. E escreve o cronista:

"Hoje as cenas são outras.
— Onde está a senhora? — pergunta o pai de família ao voltar para a habitação.
— A senhora saiu.
— Sozinha?
— Sim, senhor.
— Não disse para onde foi?
— Não, senhor. Embarcou no *bond*, pouco antes do meio-dia, e recomendou-me que tomasse conta da casa.

---

[3] França Júnior, *Folhetins publicados na Gazeta de Notícias*, Rio de Janeiro, Jacinto Ribeiro dos Santos Livreiro Editor, 1915. Crônica número XV, intitulada *"Bonds"*, publicada da página 171 à 183. O organizador da coletânea não dá a data da publicação na *Gazeta de Notícias*, mas é certamente de 1876, pois França Júnior diz à página 172: "O *bond* conta apenas oito anos de existência". Em sua obra de comediógrafo, França Júnior inclui "A lotação dos *bonds*", a primeira obra literária a tomar o bonde como tema, e que ainda em fins de 1965 os cariocas puderam assistir, dentro do programa de espetáculos dedicados ao IV Centenário da Cidade.

O bonde no carnaval

— E sinhazinha?

— Sinhazinha também embarcou no *bond* depois da senhora...

— Onde foi ela?

— Foi visitar D. Felícia, em Botafogo.

Em resumo: o filho mais velho saiu de *bond*, o do meio seguiu o exemplo do mais velho, e o caçula já tem no bolso o níquel de dois tostões e o cigarrinho pronto para ir dar também o seu passeio."

Ao jantar, lembra França Júnior, encontravam-se todos à volta da mesa. Mas, quando terminava a refeição, era a vez do chefe da família acender o seu charuto, levantar-se e colocar o chapéu na cabeça.

"— Vai sair? — pergunta-lhe a mãe.

— Vou tomar o *bond*. Que calor! Até logo."

Nos bondes os amigos se encontravam como numa sala de visita sobre rodas, e o mesmo França Júnior conta que se podiam conhecer as diferentes linhas de bairros pelas conversas dos passageiros: comerciantes, advogados e médicos na linha do Rio Comprido; estrangeiros cheios de *yes, yes* e *very well*, na da Tijuca; pequenos funcionários na do Engenho Novo; militares reformados, viúvas, oficiais de Justiça, solicitadores e empregados dos arsenais, na de São Cristóvão e Caju; proletários na do Saco do Alferes; comendadores, titulares e *nouveaux riches* na de Botafogo.

"Três mocinhas de *pince-nez*:

— Sabe que mudamos?

— Para onde?

— Para a Rua Voluntários da Pátria.

— Ah!

— Que excelente casa. Tem um *rendez-vous* magnífico.

— Não é *rendez-vous*, mana, é *rez-de-chaussée*."

Ao tempo da crônica de França Júnior, os condutores ainda eram chamados recebedores, mas já costumavam passar as companhias para trás, quando os passageiros não se importavam em receber os cupões de passagens que os cariocas logo passaram a chamar de *bonds*, por se assemelharem aos cupõezinhos de juros destacáveis que vinham nas apólices emitidas pelo Ministro da Fazenda da época, o Visconde de Itaboraí.[4]

Nessa primeira fase da história dos bondes, que vai de 1859 a 1892, quando apareceu o fenômeno mais moderno do bonde elétrico, os carros sobre trilhos marcavam por tal forma a paisagem carioca, que um viajante português do fim do século, após uma visita à cidade, escreveria de volta a Portugal um livrinho muito instrutivo sob o título *De bond: alguns aspectos da civilização brasileira.*[5]

Nesse livro, o memorialista, que se chamava João Chagas, revelava existirem no Rio de então duas categorias de bondes: "o *bond* urbano, a que também ouvi chamar de *bondinho*, por ser pequeno, e o *bond* propriamente dito, o *bond* grande". E esclarecia:

---

[4] Em seu livro *História da cidade do Rio de Janeiro*, Rio de Janeiro, Livraria Jacinto Editora, 1935, 21ª edição, o historiador Nelson Costa reproduz à página 152 um cupom de bonde da Companhia Carris Urbanos, que explorava o serviço de bondes no centro da cidade.

[5] João Chagas, *De bond: alguns aspectos da civilização brasileira*, Lisboa, Livraria Moderna, 1893. O autor conta suas impressões de turista no Rio de Janeiro do fim do século, descrevendo tudo o que viu apenas em seus passeios de bonde.

"O *bond* urbano percorre unicamente a Cidade Velha e é pequeno para melhor caber nos seus meandros.[6] O *bond* grande leva-nos aos confins da cidade, atravessando os arrabaldes e parando aí onde a natureza não o deixa prosseguir."

Nessa época os cocheiros não usavam uniforme e cada companhia pintava os bondes de suas diferentes linhas de uma cor. Foi quanto bastou para o carioca fazer funcionar o seu espírito, e quando os bondes pintados de amarelo da Cia. Vila Isabel começaram a atropelar pedestres desprevenidos, a torto e a direito, surgiu, imediatamente, o apelido que lembrava o pânico espalhado pela reação dos chineses e dos japoneses ao imperialismo europeu: "perigo amarelo".[7]

Na Companhia Ferro Carril do Jardim Botânico (nome da Botanical Garden desde 29 de outubro de 1883) esse problema foi resolvido em 1889, quando o novo gerente da companhia, o engenheiro Coelho Cintra, mandou pintar todos os bondes com a cor que conservaram até passarem para a CTC (Companhia de Transportes Coletivos do Estado da Guanabara): verdes, com teto interno branco brilhante, bancos e balaústres envernizados e uma só inscrição: C.F.C.J.B. Iniciais por sinal logo interpretadas por um repórter como Companhia Felizarda Com tratante Judeu Barbudo (Coelho Cintra

---

[6] Esses bondinhos quase miniatura eram os da Companhia Carris Urbanos. Corriam em bitola estreita e alguns eram puxados por um único burrico.

[7] Em seu livro *Rio de ontem e de hoje*, Nelson Costa dá a entender que os bondes pintados de amarelo seriam os primeiros elétricos da Companhia Ferro Carril do Jardim Botânico, mas isso é impossível porque, desde 1889, essa companhia havia uniformizado a pintura dos seus bondes para a cor verde.

usava barbas), e por outros mais benévolos como Cintra Faz Coisas Justas e Boas.

Numa série de modernismos, aliás, apareceriam em 1884 os bondes *caraduras*, mais tarde batizados de *taiobas*, os bondes especiais para casamentos, o bonde de carga, o bonde mortuário, o bonde assistência pública e, já no alvorecer do século XX, a partir de 6 de agosto de 1900, os bondes de ceroulas, para transportar os grã-finos frequentadores das temporadas do Teatro Lírico. De ceroulas — se dizia — porque os encostos eram recobertos por capas de brim branco que se amarravam com cadarços, exatamente como as ceroulas então em decadência na moda masculina.

Toda a história do bonde, até o aparecimento do bonde elétrico, entretanto, pode ser considerada no campo das transformações sociais da cidade como uma pré-história (embora, lembre-se, o último bonde de burro só parasse de correr em 1928, em Madureira).[8]

---

[8] O escritor Machado de Assis, que escreveu várias vezes sobre os bondes, de 1868 a 1894, confessa numa crônica de 1892, na *Gazeta de Notícias*, que não assistiu à inauguração dos elétricos e o primeiro que viu foi quase uma semana depois. O reacionarismo da impressão é expresso pela frase do escritor: "Para não mentir, direi que o que me impressionou mais, antes da eletricidade, foi o gesto do cocheiro. Os olhos do homem passavam por cima da gente que ia no meu bonde com um grande ar de superioridade". Em seu livro *O mundo de Machado de Assis*, o estudioso Miécio Tati encontrou, além dessa, as seguintes referências do romancista aos bondes do seu tempo: sobre a revolução nos hábitos trazida pelos bondes (crônica de 1868 enfeixada em *Contos e crônicas*, Civilização Brasileira, 1958, p. 188); sobre uma experiência de 1877 com bonde a vapor, apelidado pelo povo de maxambomba (*Crônicas*, 3º volume, W. M. Jackson, 1944, pp. 269-70); sobre a escolha do neologismo motorneiro, em vez de motoreiro, por motivo de eufonia (*A Semana*, 2º volume, W. M. Jackson, 1944, p. 213); sobre o preço da passagem de bonde do Largo de São Francisco a São Cristóvão, que ao tempo da crônica, 1894, custava um tostão (*A Semana*, 2º volume, W. M. Jackson, 1944, p. 189).

O bonde no carnaval

Completado o seu ciclo de desbravador de áreas inex–ploradas, como Copacabana — onde o bonde de burros chegou através do Túnel Velho em 6 de julho de 1892, três meses antes da inauguração do elétrico —, os bondes passaram a suportar a responsabilidade histórica de veículo exclusivo das camadas populares. Com o aparecimento dos primeiros automóveis, no início do século XX, e mais tarde dos carros de transportes fechados, dos caminhões e dos ônibus, todos movidos a gasolina, o bonde tornou-se sinônimo de povo. Seus anúncios, desde o primeiro, da Brahma, em 1899, até o célebre "Veja, Ilustre Passageiro", do farmacêutico Ernesto de Sousa, aparecido por volta de 1910,[9] dirigiam-se sempre à grande massa, agora seu único público.

À maneira que, com o passar dos anos, a divisão social gerada pela pré-industrialização aprofundava as diferenças econômicas, fazendo pesar sobre as chamadas classes menos favorecidas o ônus do processo de acumulação capitalista, a mais e mais o bonde — já então conhecido como "bonde da Light" — aumentava sua identificação com o zé povinho.

Como prova dessa identificação, era na festa eminentemente popular do carnaval que a Light via crescer sua receita, e, mais significativamente, era quando os bondes começavam a fornecer motivos para o teatro de revista e para as composições populares (chamava-se *Toca o Bonde* uma revista de Cardoso de Meneses e J. Miranda estreada no Teatro Carlos Gomes a 1º de setembro de 1919).

O recenseamento das canções de carnaval que tomaram como motivo a Light, ou as figuras do bonde e do condutor,

---

[9] O jornalista Nelson Matos, que sob a assinatura N. Matos publicou no *Diário Carioca* de 11 de outubro de 1953 uma reportagem de página inteira sobre Ernesto de Sousa, esqueceu-se de precisar a data da criação do sexteto tão popular. Limitou-se a escrever: "Esses versinhos muito populares do Rio se irradiaram pelo Brasil inteiro. Têm mais de 40 anos".

permite, assim, a reconstrução de todo um período da história social do Rio de Janeiro, ao mesmo tempo que vale por um capítulo da música popular.[10]

Embora, ao organizar uma coletânea das modinhas do palhaço Eduardo das Neves, o trovador Catulo da Paixão Cearense já incluísse, em 1927, as versalhadas do "Tomei o *Bond*" e do "Aumento das Passagens", em que o cantor criticava a Central do Brasil, afirmando que o povo "prefere os *bonds* de Vila Isabel",[11] é a partir da década de 1930 que o bonde ganha constância na temática da música carioca.

Tudo começou quando o jornalista Mauro de Almeida, o *Peru dos Pés Frios*, recriou em reportagem imaginária, no *Diário Carioca*, a história do mineiro que comprou um bonde.

O sucesso da reportagem inventada foi tal que apenas em um dos números de *A Modinha Brasileira* de 1929 apareceram três paródias aproveitando o tema: "Vá Comprar um Bonde", letra de Jaime Cardoso, para ser cantado com a música do samba "Gosto Que Me Enrosco"; "O Mineiro do Bonde", letra de Rubem Machado (Paris), com música da marcha "Seu Voronoff"; e "O Homem Que Comprou um Bonde", versos de José T. Piza com a música de "Meu Amor Vou Te Deixar".

---

[10] O jornalista João Ferreira Gomes, que se assinava Jota Efegê, foi o primeiro a referir-se à constância do tema do condutor nas músicas de carnaval, escrevendo para a *Revista da Música Popular*, nº 5, de fevereiro de 1955, o artigo intitulado: "O condutor de bonde, personagem clássica do cancioneiro carnavalesco", pp. 22-4.

[11] *O cantor de modinhas brasileiras*, por Eduardo das Neves, colecionadas e revistas por Catulo da Paixão Cearense, Rio de Janeiro, Livraria Quaresma Editora, 1927. "Tomei o *Bond*" está nas páginas 72 e 73. "O Aumento das Passagens" estende-se pelas páginas 11, 12 e parte da 13. Eduardo das Neves, aliás, gostava do bonde como tema, e o explorou na "crônica" intitulada "Rolo em um Bonde", gravada na Odeon Record em 1905.

O bonde no carnaval

"O Mineiro do Bonde" era que melhor contava toda a história:

Um mineiro inteligente
o *bond* quis comprar.
O malandro foi esperto
porque soube lhe enganar.
O mineiro satisfeito
de fazer um bom negócio
perguntou ao condutor
se queria ser seu sócio.

(Coro)

Seu condutor,
seu condutor,
olha que o *bond* é meu,
o senhor me enganou.

Isso sem falar na peça *Compra um bonde...*, de Carlos Bettancourt e Cardoso de Meneses, que estreou no Teatro Recreio em 3 de julho de 1929.[12]

---

[12] Posteriormente à publicação do presente levantamento na primeira edição deste livro, as pesquisas do autor levaram à descoberta de três gravações tomando o bonde como tema, todas dessa fase anterior a 1930. A primeira, de 1926, é a "canção popular" de Freire Júnior, "Toca o *Bond*", gravada pelo tenor Artur Castro no disco Odeon número 123.114, e na qual o compositor (que provavelmente lançou a música em uma de suas revistas de teatro) comentava a extinção da linha de bondes de tostão até a estação de embarque das barcas para Niterói (Praça XV de Novembro, no Rio de Janeiro), comentando com ironia: "Esta Light é sabida/ Nunca perde a partida/ Com esta gente do Rio". A segunda e a terceira, ambas de 1929, e tomando como tema a história do mineiro que comprou um bonde, são o "*couplet* cômico" de Pinto Filho e Calazans (José Luís Rodrigues Calazans, o Jararaca da dupla com Ratinho) intitulado "Venda dum *Bond*"

Mas o bonde não criava, por obra da imaginação de um repórter, apenas a figura inventada do mineiro ingênuo. Criava também a figura real de um tipo social novo: a do *mão-boba*, conhecido na época por *bolina*. O *bolina*, imortalizado no alvorecer de 1930 pela marcha do pianista José Francisco de Freitas que levava exatamente esse título, fora cantado pela primeira vez por Eduardo das Neves no lundu "Os Bolinas", reproduzido em 1927 na coletânea *O cantor de modinhas brasileiras*, e que dizia:

> Anda a gente pelos *bonds*
> sem poder nem se virar,
> porque logo grita um anjo:
> — Este homem quer bolinar![13]

Para os trabalhadores, sem as irresponsabilidades dos bolinas, o bonde significava a rigidez do horário de pegar no batente. E assim era que, em 1930, em um samba ironicamente intitulado "Salve a Malandragem (e os Trabalhadores)", o compositor Edegar M. Passos atribuía à própria mulher a seguinte queixa:

> Edegar, Edegar,
> meu bem, vai trabalhar.
> Eu vou, eu vou.
> São seis horas
> ainda dormes
> o bonde do horário já passou.

(Parlophon n° 13.005-b), e o samba "Comprei um *Bond*", de Cícero de Almeida, o Baiano, cantado por Alfredo Albuquerque (Odeon n° 10.464--b). [Esta nota é um acréscimo à 2ª edição.]

[13] Obra citada na nota 11, pp. 63-4.

O bonde no carnaval

A boa fama do horário dos bondes era tal que, em 1931, a vencedora do concurso de músicas para o carnaval instituído pela Casa Edison seria a composição de Célia Borchat e Áurea B. de Sousa, "Bonde Errado", que trazia como indicação de gênero: "marcha do horário".

Essa marcha carnavalesca "Bonde Errado", em obediência às disposições do concurso, ia ser gravada em disco Odeon número 10.759-a sob esses pseudônimos femininos, mas Célia Borchat era o compositor Lamartine Babo. Ao comentar o livro de Lamartine, *Pindaíba*, em artigo intitulado "Uma fábula de Lamartine" (*O Estado de S. Paulo* de 12/1/1969), o jornalista Mário Leônidas Casanova encontraria um soneto também intitulado "Bonde Errado", que transcreve como sendo a letra da marcha. Esse soneto, que começava com os versos "O Rio tem de bondes um rosário/ Graças à Light and Power & Companhia", no entanto, terá que ser apontado como mais uma contribuição do então funcionário da Light à bibliografia poética da empresa, porque, na realidade, a letra certa da marcha "Bonde Errado" era esta:

Eu só viajo em bonde de tostão.

(Coro)

São Luís Durão...
São Luís Durão...
Bonde mais caro é para gente fina

(Coro)

Santa Alexandrina...
Santa Alexandrina...

(Estribilho)

Bota... fogo... Lili...
Bota... fogo... Lili...

Vou da Muda da Tijuca...
Andar... aí!

A simpatia do povo pelo bonde se estendia aos funcionários da Light. Mesmo quando satirizava a figura do condutor, a ironia do compositor não escondia a ternura. E a prova está em que, quando em 1932 houve uma greve do pessoal da Light por melhoria de salário, lá viria no *Jornal de Modinhas* de 17 de maio a paródia de Luís Silva, para ser cantada com a música de "Tá com Raiva, Fala":

Os empregados da Light
também têm critério.
A defesa do pão
é um caso sério.

As coisas não andam boas.
Não se ganha pra comer.
Querem ganhar mais um pouco
assim não podem viver, oi...

Os bondes pararam todos,
não se tinha condução;
os ônibus e automóveis
cobravam um dinheirão.

E a história da greve continuava ainda em mais duas quadras.

Dois anos depois, seria mesmo um ex-funcionário da própria Light e extraordinário compositor que se juntaria a outro grande parceiro, o baiano Assis Valente, para compor a marcha "Bis", destinada ao carnaval de 1934, e que fechava com os versos:

O bonde no carnaval

O teu amor parece fita de cinema:
dura uma hora. Não há pecado.
Parece uma viagem em bonde a Ipanema
pra se ficar no Largo do Machado.

O autor da tirada cheia de malícia carioca — e efêmero funcionário dos escritórios da Light — era Lamartine Babo.

Desaparecido nos primeiros anos do século XX o bonde de burros com a extensão da rede elétrica a toda a cidade (a Light encampou a Cia. Jardim Botânico em 16 de junho de 1910 e acabou monopolizando energia, bondes, luz e gás), o serviço de carris tornou-se absoluto em matéria de transporte urbano. Eis por que, no carnaval de 1935, o compositor Príncipe Pretinho poderia usar na sua marcha "Bela Morena" a imagem: "Qual bonde da Light eu rolo/ por esta cidade sempre a te amar".

E seria ainda por isso que, em 1937, a dupla caipira do rádio, Alvarenga e Ranchinho, poderia alcançar o seu maior sucesso com a marcha "Seu Condutor", ainda hoje lembrada, que trazia como indicação, no *Jornal de Modinhas* que lhe publicava a letra: "Marcha Light and Power":

Seu condutor dim, dim.
Seu condutor dim, dim,
Para o bonde pra descer o meu amor.

O bonde da Lapa
é cem réis de chapa,
o bonde Uruguai
é duzentos que vai,
o bonde Tijuca
me deixa em sinuca,
e o Praça Tiradentes
não serve pra gente.

No carnaval o bonde assumia uma importância extraordinária. A movimentação dos blocos — com os foliões carregando enormes surdos, caixas e cuícas —, tudo devia aos bondes. Bastava cair uma pancada de chuva e as baterias dos blocos eram as primeiras a se refugiar nas cozinhas dos bondes (nome moderno das antigas plataformas para passageiros de pé), continuando a batucada até que o temporal amainasse. Era costume, então, fugir ao pagamento das passagens, obrigando o condutor a engolir pretextos e "já paguei", para evitar brigas e confusão.

Em 1938, a dupla de compositores então em grande evidência, J. Cascata e Leonel Azevedo, deixaria registrada essa particularidade do espírito do carnavalesco carioca na marcha "Não Pago o Bonde", que dizia:

Não pago o bonde iaiá
não pago o bonde ioiô
não pago o bonde
que eu conheço o condutor.
Quando estou na brincadeira
não pago o bonde
nem que seja por favor.

Não pago o bonde
porque não posso pagar.
O meu é muito pouco
e não chega pra gastar.

Moro na rua das casas
daquele lado de lá
tem uma porta e uma janela.
Mande a Light me cobrar.

O bonde no carnaval

Uma das vantagens do bonde, como meio de transporte, aliás era exatamente a de sempre dar lugar para mais um. E essa característica não deixaria ao menos de contribuir para uma imagem, em 1938, na marcha "Endereço Errado", de Paulo de Carvalho, que cantava na segunda quadra:

> Amor eu sei que você não tem... não,
> mas isso não faz mal algum
> Seu coraçãozinho é um estribo de bonde
> que tem sempre lugar pra um.

Nos carnavais dos anos de 1939 e 1940 o bonde passou esquecido. Mas em 1941 seriam dois os sambas a reviver o motivo: "O Bonde do Horário", da dupla Haroldo Lobo e Milton de Oliveira, e "O Bonde de São Januário", de Wilson Batista e Ataulfo Alves.

O primeiro reeditava, de certa forma, o "Salve a Malandragem (e os Trabalhadores)", de 1930, ao recontar o drama do trabalhador que perdia o *bonde do horário* de trabalho:

> O bonde do horário já passou
> e a Rosalina não me acordou
> Fazem cinco dias
> que eu não vou trabalhar.
> Rosalina me deixa
> em má situação
> Já não tenho mais desculpas
> para dar ao meu patrão.

O segundo, gravado pelo cantor Ciro Monteiro, e depois reconhecido como um clássico do carnaval, revelava em sua letra a preocupação doutrinária do Estado Novo, cujas autoridades recomendavam aos compositores que abandonassem o tema da malandragem, estimulando o povo ao trabalho:

Quem trabalha é que tem razão
eu digo e não tenho medo de errar (bis)

O bonde São Januário
leva mais um operário
sou eu, que vou trabalhar.
Antigamente eu não tinha juízo
mas resolvi garantir meu futuro
(break) Vejam vocês
Sou feliz, vivo muito bem,
A boemia não dá camisa a ninguém
E digo bem.

Com o crescimento da população da cidade e o racionamento da gasolina, por causa da guerra, a partir de maio de 1942, recrudesceria a importância dos bondes, traduzida pelas seguintes estatísticas de transporte anual de passageiros: 549.352.000, em 1939; 574.377.000, em 1940; 606.077.000, em 1941; 664.254.000, em 1942; 703.161.000, em 1943.[14]

E eis como se explica que, apenas durante o ano de 1942, aparecessem nada menos do que cinco músicas de carnaval aproveitando o bonde como tema: três para o próprio carnaval de 42 ("Chik, Chik, Bum...", também conhecida como "Para o Bonde", "Tem Galinha no Bonde" e "Quando o Bonde Vai"), e duas lançadas no fim do ano para o carnaval de 1943 ("Bonde de Ceroula" e "Mamãe, Lá Vem o Bonde").

---

[14] Números reproduzidos pelo velho repórter H. Dias da Cruz (autor do livrinho *Os morros cariocas no Novo Regime*) em seu *Almanaque da cidade* (Rio de Janeiro, D.F.), 1944-45. O *Almanaque*, muito informativo, dá breves notícias sobre bondes às pp. 34 e 35, 337 e 344-353, onde se tem, inclusive, a relação de todas as linhas de bondes que serviam o Rio de Janeiro em 1945.

O bonde no carnaval

Das três marchas de 1942, as de maior sucesso foram "Para o Bonde", de Antônio Almeida, gravada por Vassourinha, que dizia:

Chik, chik, chik, chik, chik, chik bum (bis)
Para o bonde, para o bonde
que lá vai entrar mais um...

Quando eu pego o bonde errado
vou até o fim da linha
e pra disfarçar as mágoas
vou tocando a campainha.
No outro dia distraído
passeando com meu bem
peguei o Estrada de Ferro
pensando que fosse trem.

e a "Tem Galinha no Bonde", de Haroldo Lobo e Milton de Oliveira, gravada por Araci de Almeida:

Tem galinha no bonde,
tem, tem que eu vi.
Galinha no bonde
é abacaxi.

Para, para, desce, desce,
salta, tem que saltar.
Galinha e outros bichos
não podem viajar.
Daqui a pouco o Juca
traz o garnizé.
Isto até tá parecendo
a Arca de Noé.

A outra marcha, "Quando o Bonde Vai", de Roberto Martins, Osvaldo Santiago e Paulo Barbosa, não chegou a aparecer, mas terminava com versos engraçados:

Anda de carona
sempre a bela!
Chega a pensar
que a Light é dela.

As de 1943 exploravam o tema de forma muito significativa: a marcha de Cristóvão de Alencar e Afonso Teixeira, gravada por Lauro Borges, ressuscitava o bonde de ceroulas, e a da dupla Haroldo Lobo e Milton de Oliveira focalizava admiravelmente o papel democratizador do bonde, tão bem ressaltado desde 1903 numa crônica de Olavo Bilac.[15]

Diziam os versos da marcha "Mamãe, Lá Vem o Bonde":

Mamãe, lá vem o bonde, o bonde,
Vamos nesse mesmo que é bom.
Um dia desses eu vi
O seu Chico bem frajola,
De cartola,
Viajando no estribo do Leblon.
Ai, ai, ai, ai, ai, ai
Lá vem o bonde trazendo o pessoal

---

[15] Olavo Bilac, *Crítica e fantasia*, Lisboa, Editora Teixeira, 1904, 431 p., crônica XVI, "O Bond", pp. 203-11, datada de 1903. Em *Palestras da tarde*, Rio de Janeiro, H. Garnier, 1911, na crônica "Carnaval", pp. 77--84, Bilac faz referência à volta dos que iam assistir ao desfile das Grandes Sociedades, na terça-feira de carnaval: "Bondes... O que deles aparecia, no lento e rangente resvalar ao passo resignado dos muares esfalfados, era uma crosta humana, passageiros até no tejadilho, batucando com as bengalas, numa algazarra ensurdecedora".

Em trajos de passeio ou trajos de rigor,
Uns vem da gafieira, outros do Municipal,
Ai, ai, ai, ai, ai, ai
E a nossa terra cada vez mais infernal.

Um ano depois, em 1944, o bonde voltaria a inspirar um grande sucesso da música popular carioca e brasileira, não mais sob a forma de marchinha carnavalesca, mas de um samba do tipo chamado "de meio de ano", e realmente editado em abril de 1944: "O 56 Não Veio".

Nesse samba, Wilson Batista e Haroldo Lobo contam a desdita do amante que espera a sua amada desde as 7 em ponto, como combinado, ainda dá uma hora de desconto, e não vê a amada aparecer. E é então que há este estribilho digno de figurar em qualquer antologia de achados poéticos da música popular:

Será que ela não veio porque se zangou
Ou o bonde Alegria descarrilou...

O bonde Alegria era exatamente o da linha 56, citado no título do samba, que fazia o seguinte trajeto: Praça 15 de Novembro (Barcas), 7 de Setembro, Praça Tiradentes, Constituição, Praça da República (pelo lado do quartel do Corpo de Bombeiros), Presidente Vargas, Francisco Bicalho (Leopoldina), Francisco Eugênio, São Cristóvão, Escobar, Campo de São Cristóvão, Bela, Alegria até o fim (o bonde 55, Rua Bela, só ia até o número 209), Largo do Benfica e Licínio Cardoso (Triagem). A volta era feita pelo mesmo percurso até a Praça da República, de onde tomava a Visconde do Rio Branco, Carioca, Assembleia e, finalmente, chegava ao ponto final das Barcas.

Pela própria zona percorrida pelo bonde parece se estar vendo a passageira: a moça modesta, personagem ontem de

Lima Barreto e depois de Nelson Rodrigues, capaz de tomar o 56 para levar a alegria ao namorado espectante e aflito pelo atraso do bonde:

> Houve qualquer coisa de anormal,
> Ela sempre foi pra mim tão pontual.
> Fui ao chefe da Light,
> Perguntei ao Inspetor:
> Que houve com o 56?
> Esse bonde sempre trouxe o meu amor.
> Será que ela não veio porque se zangou
> Ou o bonde Alegria descarrilou...

Assim, carregado de lirismo, o bonde chegou ao período do fim da Segunda Guerra, quando começaria a sua decadência como meio de transporte.

Iniciada a corrida imobiliária, que transformaria Copacabana em uma cidade, em poucos anos, e faria a população de Santa Teresa pular de 8.326 habitantes em 1920, para 60.660 em 1940 (num aumento de 720% em 20 anos), a cidade imprensada entre o mar e a montanha ficou mais apertada do que nunca. Os bondes, que ainda no tempo dos burros faziam o percurso Largo da Carioca à Gávea em 63 minutos, passaram a gastar nesse mesmo percurso hora e meia e até duas horas, nos períodos de *rush*.

A expressão tão respeitável de "bonde do horário" foi a pouco e pouco perdendo a razão de ser, e ainda uma vez essa decadência não deixaria de se insinuar nas entrelinhas das letras das músicas de carnaval.

E assim é que, já no carnaval de 1946, o pobre condutor seria vítima de uma ironia um tanto debochada na "Canção do Condutor", a marcha de Felisberto Martins e Alvarenga — o mesmo do "Seu Condutor", de 1935, com Ranchinho — que dizia:

O bonde no carnaval

Seu condutor,
All right!
Você assim
Vai acabar sócio da Light.
Seu motorneiro
Toca o bonde, toca o bonde.
O meu amor está esperando por mim,
Senão eu canto a canção do condutor
Que é sempre assim:
Um pra Light
Um pra Light
E dois pra mim.

Um condutor muito diferente, como se vê, daquele criado por Noel Rosa para personagem da sua revista radiofônica *A noiva do condutor* (iniciada em 1935 e terminada em 1936, segundo Almirante), e em que Joaquim namora Helena dizendo que é doutor. Um dia vão pai e filha viajando num bonde, e quem é que chega cobrando as passagens com o célebre "faz favor"? O Joaquim. E para este trecho Noel comporia a marcha "O Joaquim é Condutor", em que fazia Helena cantar:

Veja, papai.
Veja, papai,
O Joaquim é condutor!
Quase que a cara me cai!
Estou mudando de cor.
Veja, papai.
Veja, papai,
O Joaquim não é doutor!
No bonde agora ele vai
Sempre a dizer, "faz favor".

História que terminava bem, porque Joaquim, na verdade, era filho de um milionário, o que leva Helena a cantar, na apoteose final:

Eu fui a noiva de um condutor
Prefiro um bobo rico a um doutor.

O carnaval de 1946, aliás, não passaria ainda sem outra pequena referência ao próprio bonde. Na marcha de Alberto Ribeiro e Roberto Roberti "Ela Era Boa", gravada pelo cantor Déo, a segunda parte terminava com os versos:

Ela foi andando a pé — eu fui também.
Depois pegou um bonde — peguei também.
Saltou no fim da linha — saltei também.
E quando olhei pra trás tinha mais de cem.

Dois anos depois, no ano de 1948, o bonde e seu motorneiro voltam como personagens, o primeiro de um samba ("Lá Vem o Ipanema", de Roberto Roberti e Marina Batista) e o segundo de uma marcha ("Toca Esse Bonde", de Guaraná e Lorival Faissal, gravada por Dora Lopes).

No samba se apresentava o Ipanema como "o bonde que nunca viaja vazio", afirmando-se que vinha sempre trazendo "as mais lindas cabrochas do Rio". Na marcha o motorneiro era simplesmente tratado de "seu Zé": "Toca esse bonde, seu Zé" — dizia a letra irreverente.

Por coincidência, a expressão "toca o bonde" — incorporada à linguagem popular para designar pressa — viria em 1949 como título mesmo de uma marcha de Ari Alexandrino e Joaquim Palinha, gravada por Dilermando Pinheiro, o excelente batucador de chapéu de palha que nunca teve muita sorte como artista:

O bonde no carnaval

Seu motorneiro
Por favor não pare o bonde
Porque aqui a turma é da folia (bis)
Brincamos
Pulamos
Queremos farrear (bis)
Só temos três dias
Pra gente farrear.

A partir da década de 1950, a decadência do bonde como meio de transporte marca também o início da queda de interesse pelo tema. Ainda assim, apareceria em 1951 "O Motorneiro Chapa 13", em 1954 a "D. Light", de Deusdedith P. Matos, Hildebrando P. Matos, Hélio Malta e Bola Sete (cinco autores para um insucesso gravado por Orlando Silva fora de forma), em 1955 a "Marcha do Condutor" (de Abílio e Faísca) e o samba "Conduta do Taioba", de Aldacir Louro, Rubens Fausto e Alfredo Ribeiro, que voltava a acusar o condutor do bonde de segunda:

O conduta deste taioba
Diz que é honesto quando cobra
Mas toda a vez que faz tim... tim...
Logo vai dizendo
"dois pra Light e um pra mim".

A mesma história da "Canção do Condutor", apenas acrescentada no final da previsão parece que nunca realizada:

Fazendo tim... tim
Fazendo tim... tim
Este conduta acaba milionário.

A marcha "A Mulher Parece Bonde", de J. Messias e H. Martins, marcaria no carnaval de 1957 o último exemplo do aproveitamento do tema do bonde na década de 1950.

Em 1960, ano em que a Companhia Ferro Carril do Jardim Botânico, fundada em 1862, encerrou suas atividades, passando os bondes da Zona Sul para o Estado,[16] o bonde voltou de maneira surpreendente a fornecer motivo para nada menos de três músicas de carnaval. Nas três marchas, a figura visada era ainda uma vez a do pobre condutor: "Olha a Direita" de J. M. Alves e "Palmeira", gravada por Cláudio de Barros em disco Chantecler; "O Condutor", de Enedino Silva, Flávio Miranda e Helena Numery, gravada por Anilza Leôni na fábrica Todamérica e uma nova "Marcha do Condutor", em que os autores, Jeremias Pelegrino, Válter Moreno e Amilcar Chamarelli levavam ao extremo o escárnio à figura do cobrador das passagens:

> Seu condutor
> Não leve a mal
> Encontrei sua mulher
> Agarradinha com o fiscal.
>
> Ele diz que é seu amigo
> Amigo ele não é...
> Enquanto você dá duro
> Ele passeia com sua mulher.

Embora atravancando as ruas, sem possibilidade de cumprir os horários e sem conservação, os bondes transportavam

---

[16] Para marcar o acontecimento, a Light promoveu a publicação de uma reportagem intitulada "Jardim Botânico dá adeus ao povo: bondes que hoje são do Estado foram inaugurados por D. Pedro II", e que pode ser lida no jornal *Diário de Notícias* de 1º de janeiro de 1961.

ainda em fins de 1960 a média de cinco e meio milhões de passageiros por mês, apenas na Zona Sul.[17]

Assim, o carnaval de 1961 só daria na voz do palhaço Alegria a marcha "Dois pra Mim", de Clemente Muniz e Iraí Barros, que repisava o velho tema do "um pra Light e dois pra mim". Em 1962, porém, no samba "Eu Não Sou Bonde", de Carlos Morais e Luís Vassalo, gravado pela vedeta Gina Le Feu sob a etiqueta fantasma Tiger, a decadência do bonde como meio de transporte urbano seria admiravelmente cantada nos versos que diziam:

> Você só me procura
> Nos momentos de aflição
> Eu não sou bonde
> Que tem mais utilidade
> Quando há greve na cidade (bis)
> E não há outra condução.

No carnaval de 1962, já cansado como tema, o bonde chegaria ao ponto final na música carioca com a marcha de Nascimento Gomes e Edgar Ferreira "Não Pago o Bonde", gravada em disco pelo compositor Romeu Gentil disfarçado sob o pseudônimo de Araribóia:

> Seu condutor
> Seu motorneiro
> Não pago o bonde
> Porque não tenho dinheiro.
> O meu não é nenhum

---

[17] Dado colhido na matéria paga da Companhia Ferro Carril do Jardim Botânico intitulada "A cidade", publicada como uma espécie de despedida na mesma página da reportagem citada na nota 16, acima.

Não tenho nem um trocado
Aumenta tudo na vida
E não aumenta o ordenado.

Com essa desculpa meio esfarrapada de um passageiro vítima da inflação, o bonde encerrava a sua contribuição à temática da música carioca. Em 35 anos — da "cômica" do palhaço Dudu das Neves, em 1927, à marcha do carnaval de 1962 —, o bonde, o motorneiro, o fiscal da Light haviam aparecido em pelo menos 36 composições (a presente pesquisa, é claro, não pretende ser completa).

A partir de 1964, quando começou no Rio de Janeiro a retirada dos seus trilhos, na Zona Sul, a fim de pavimentar as ruas para as festas do IV Centenário da cidade, o bonde parece ter sido mesmo relegado à condição de brinquedo para crianças, com seus reboques distribuídos pelas praças públicas, ao lado de escorregas e gangorras.

NOTA

Além das obras citadas, subsídios interessantes sobre a história dos bondes poderão ser encontrados nos seguintes livros:

1) *Bisbilhotando o passado... do Rio das Vacas Gordas*, de Alarico J. Coelho Cintra (filho do engenheiro Coelho Cintra), Editora Brand, 1956, 164 p., crônicas XIV, "O Bonde", pp. 71-4; XXII, "A viação urbana na voz de um profeta...", pp. 103-6; XXIII, "Os grã-finos 'caraduras'", pp. 107-11; XXIV, "As correntes em choque", pp. 113-8; XXV, "A conquista de Copacabana", pp. 119-33 e, finalmente, XXVII, "A conquista do bonde elétrico", pp. 143-50.

2) *O Rio de Janeiro do meu tempo*, de Luís Edmundo, Editora Conquista, 1º volume, 2ª edição, capítulo "Aspecto

O bonde no carnaval

geral da cidade e da sua gente", subtítulo "Bondes de tração animal", pp. 50-2.

3) *História da polícia do Rio de Janeiro: aspecto da cidade e da vida carioca*, da dupla Melo Barreto Filho e Hermeto Lima, capítulo "Um acontecimento digno de nota: a primeira linha de *tramways* no Rio de Janeiro" (1868), pp. 301-4.

4) *Efemérides cariocas*, de Roberto Macedo, edição de 1943, nos episódios "Experiência de um bonde elétrico com a presença da Princesa Isabel", pp. 171-2; "Regulamentação da velocidade dos bondes", pp. 184-5; e "Inauguração dos bondes", pp. 262-3.

5) *Rio de ontem e de hoje*, de Nelson Costa, Léu Editores, Rio de Janeiro, 1958, vol. I da Coleção Estácio de Sá, 379 p., capítulos "Os primeiros bondes" (pp. 237-8) e "Os bondinhos de Santa Teresa" (pp. 239-40).

SOBRE O AUTOR

José Ramos Tinhorão nasceu em 1928 em Santos, São Paulo, mas criou-se no bairro de Botafogo, no Rio de Janeiro, onde teve suas primeiras impressões de coisas populares assistindo a rodas de pernada e sambas de improviso, na esquina da Rua São Clemente com Praia de Botafogo, em frente ao Bar Sport Carioca.

Da primeira turma de Jornalismo do país, já colaborava no primeiro ano com a *Revista da Semana*, do Rio de Janeiro, e a *Revista Guaíra*, do Paraná, entre outros veículos, até ingressar no *Diário Carioca* em 1953, ano de sua formatura, onde permanece até 1958.

De 1958 a 1963, escreve para o *Jornal do Brasil*, começando em 1961 as famosas "Primeiras Lições de Samba". Na década de 1960, Tinhorão passa pela TV — Excelsior (despedido em 1º de abril de 1964, quando da tomada do poder pelos militares no Brasil), TV Rio e Globo (quando a programação era local) — e pela Rádio Nacional, antes de mudar-se em maio de 1968 para a cidade de São Paulo. Em 1966, estreia em livro com duas obras: *Música popular: um tema em debate* e *A província e o naturalismo*.

Morando em São Paulo, Tinhorão escreve para a revista *Veja* até 1973, passando então para a revista *Nova*, e em 1975, já como autônomo, envia da sucursal paulista suas duas colunas semanais para o *Jornal do Brasil*. Tais colunas, que durarão até 1981, granjearam ao pesquisador a pecha de "temido crítico musical".

Em 1980, Tinhorão vai a Portugal investigar a presença dos negros na metrópole. Desde então, seus livros passam a ser publicados também nesse país. Em 1999, prosseguindo em sua pesquisa de jornais carnavalescos no Brasil, solicita pela primeira vez em sua carreira uma bolsa: para o mestrado em História Social na Universidade de São Paulo. A tese dá origem ao livro *Imprensa carnavalesca no Brasil: um panorama da linguagem cômica*.

Grande pesquisador de sebos no Brasil e alfarrabistas em Lisboa, Porto e Braga, o autor reuniu importante coleção de discos, partituras, periódicos, livros e imagens sobre a cultura brasileira, cujo acervo passou em 2000 ao Instituto Moreira Salles, de São Paulo. Criado em 2001, o Acervo Tinhorão se encontra atualmente disponível a pesquisadores e interessados.

OBRAS DO AUTOR

A província e o naturalismo. Rio de Janeiro: Civilização Brasileira, 1966 (esgotado).

Música popular: um tema em debate. Rio de Janeiro: Saga, 1966; 2ª ed., Rio de Janeiro: JCM, 1969; 3ª ed., São Paulo: Editora 34, 1997; 1ª reimpressão, 1998; 2ª reimpr., 1999; 3ª reimpr., 2002; 4ª reimpr., 2003; 4ª ed., 2012.

O samba agora vai... A farsa da música popular no exterior. Rio de Janeiro: JCM, 1969 (esgotado).

Música popular: de índios, negros e mestiços. Petrópolis: Vozes, 1972; 2ª ed., 1975 (esgotado).

Música popular: teatro & cinema. Petrópolis: Vozes, 1972 (esgotado).

Pequena história da música popular brasileira: da modinha à canção de protesto. Petrópolis: Vozes, 1974; 2ª ed., 1975; 3ª ed., 1978; 4ª ed., São Paulo: Círculo do Livro, 1978; 5ª ed., revista e aumentada, com o novo título de *Pequena história da música popular: da modinha ao tropicalismo,* São Paulo: Art Editora, 1986; 6ª ed., revista e aumentada, com novo título de *Pequena história da música popular: da modinha à lambada,* 1991.

Música popular: os sons que vêm da rua. São Paulo: Tinhorão, 1976; 2ª ed., revista e aumentada, com o novo título de *Os sons que vêm da rua,* São Paulo: Editora 34, 2005.

Música popular: do gramofone ao rádio e TV. São Paulo: Ática, 1981 (esgotado).

Música popular: mulher & trabalho (plaqueta). São Paulo: Senac, 1982 (esgotado).

Vida, tempo e obra de Manuel de Oliveira Paiva (uma contribuição). Fortaleza: Secretaria de Cultura e Desporto, 1986.

Os negros em Portugal: uma presença silenciosa. Lisboa: Editorial Caminho, 1988; 2ª ed., 1997.

Os sons dos negros no Brasil. Cantos, danças, folguedos: origens. São Paulo: Art Editora, 1988; 2ª ed., São Paulo: Editora 34, 2008.

História social da música popular brasileira. Lisboa: Editorial Caminho, 1990. São Paulo: Editora 34, 1998; 1ª reimpr., 1999; 2ª reimpr., 2002; 3ª reimpr., 2004; 4ª reimpr., 2005; 2ª ed., 2010.

Os sons do Brasil: trajetória da música instrumental (plaqueta). São Paulo: SESC, 1991.

A música popular no romance brasileiro: vol. I, séculos XVIII e XIX. Belo Horizonte: Oficina de Livros, 1992; 2ª ed., São Paulo: Editora 34, 2000.

Fado: dança do Brasil, cantar de Lisboa. O fim de um mito. Lisboa: Editorial Caminho, 1994.

Os romances em folhetins no Brasil (de 1830 à atualidade). São Paulo: Duas Cidades, 1994.

As origens da canção urbana. Lisboa: Editorial Caminho, 1997. São Paulo: Editora 34, 2011.

A imprensa carnavalesca no Brasil: um panorama da linguagem cômica. São Paulo: Hedra, 2000 (originalmente Dissertação de Mestrado em História Social apresentada ao Curso de Pós-Graduação da Universidade de São Paulo em 1999).

As festas no Brasil colonial. São Paulo: Editora 34, 2000; 1ª reimpr., 2000.

A música popular no romance brasileiro: vol. II, século XX (1ª parte). São Paulo: Editora 34, 2000.

Cultura popular: temas e questões. São Paulo: Editora 34, 2001; 2ª ed., revista e aumentada, 2006.

Música popular: o ensaio é no jornal. Rio de Janeiro: MIS Editorial, 2001.

A música popular no romance brasileiro: vol. III, século XX (2ª parte). São Paulo: Editora 34, 2002.

Domingos Caldas Barbosa: o poeta da viola, da modinha e do lundu (1740--1800). São Paulo: Editora 34, 2004. Lisboa: Editorial Caminho, 2004.

O rasga: uma dança negro-portuguesa. São Paulo: Editora 34, 2006. Lisboa: Editorial Caminho, 2007.

A música popular que surge na Era da Revolução. São Paulo: Editora 34, 2009.

Festa de negro em devoção de branco: do carnaval na procissão ao teatro no círio. São Paulo: Editora Unesp, 2012.

ESTE LIVRO FOI COMPOSTO EM SABON PELA
BRACHER & MALTA, COM CTP DO ESTÚDIO
ABC E IMPRESSÃO DA BARTIRA GRÁFICA E
EDITORA EM PAPEL ALTA ALVURA 75 G/M^2 DA
CIA. SUZANO DE PAPEL E CELULOSE PARA A
EDITORA 34, EM FEVEREIRO DE 2012.